꿈을 굽는 파티쉐
김영모

꿈을 굽는 파티쉐 김영모

초판 1쇄 펴냄 2007년 4월 6일
　　 9쇄 펴냄 2018년 11월 15일

글 김영모
그림 조장호
기획 비단구두

펴낸이 고영은 박미숙
펴낸곳 뜨인돌출판(주) | 출판등록 1994.10.11.(제406-251002011000185호)
주소 10881 경기도 파주시 회동길 337-9
홈페이지 www.ddstone.com | 블로그 blog.naver.com/ddstone1994
페이스북 www.facebook.com/ddstone1994 | 노빈손 www.nobinson.com
대표전화 02-337-5252 | 팩스 031-947-5868

ⓒ 2007 김영모, 비단구두

ISBN 978-89-92130-34-9 73810
CIP2010002047

어린이제품안전특별법에 의한 제품표시
제조자명 뜨인돌어린이 **제조국명** 대한민국 **사용연령** 만 6세 이상

꿈을 굽는 파티쉐 김영모

김영모 글 | 조장호 그림 | 비단구두 기획

뜨인돌어린이

머리말

 꿈을 찾기 위해 고민하는 어린이들에게

여러분은 어떤 사람이 되고 싶나요? 자라서 어떤 일을 하고 싶나요?

사람은 태어나서 유아기·아동기·청소년기를 지나 어른으로 성장해서 직업을 갖게 되는데 그 직업 선택이 매우 어렵고 힘듭니다. 특히 변화의 속도가 빠른 요즘은 더욱 그렇지요. 어떤 직업이 유망할 것이라고 예측하여 열심히 공부하고 노력해 왔는데 얼마 못 가서 인기가 없어지거나 아예 그 직업이 없어지는 경우도 많이 있습니다.

그러면 어떤 직업을 선택해야 할까요? 인기 있는 직업을 선택하면 될까요? 아니면 돈을 많이 버는 직업을 선택하면 될까요? 저는 적성에 맞고, 열정과 헌신을 다할 수 있는 직업을 선택해야 한다고 생각합니다.

좋은 선택과 잘못된 선택은 여러분 스스로의 책임입니다. 아무도 그 선택에 대한 책임을 대신 져 주지 않습니다.

여러 가지 경험을 해보십시오. 어른들의 경험담을 많이 듣고 책을 많이 읽고 느끼십시오. 그리고 여러분이 좋아하는 일을 찾으십시오. 이런 간접 체험들이 여러분의 미래 직업 선택에 큰 도움이 될 것입니다.

저는 빵 만드는 일을 하는데, 직업 선택을 참으로 잘했다고 항상 느낀답니다. 하얀 밀가루에 여러 가지의 재료를 넣고 제가 원하는 다양한 모양의 빵과 케이크가 만들어질 때 느끼는 그 희열은 글로써 표현할 수 없는 큰 감동이거든요. 저는 너무너무 행복하답니다.

혹시 저처럼 파티쉐가 되고 싶은 어린이들이 있나요? 그런 어린이들을 위해 파티쉐가 무엇인지 조금 이야기해 볼게요.

여러분은 파티쉐가 어떤 사람이라고 생각하나요?

파티쉐는 하얀 밀가루의 마술사입니다. 밀가루만 있으면 어떤 빵이나 케이크뿐만 아니라 과자도 만들 수 있답니다.

파티쉐가 되려면 인내가 필요합니다. 인내는 파티쉐뿐만 아니라 모든 직업에 필요하지요. 인내는 자신의 꿈을 실현시키는 첫째 조건입니다. 또한 인내는 그 사람의 좋은 품성을 키우는 길이기도 하지요. 여러분은 찰흙으로 다양한 모양을 만들어 본 적이 있나요? 처음에는 잘 안 되지만 자꾸만 해 보면 잘 만들 수 있듯이 모든 일은 반복해서 연습을 하는 것이 매우 중요하답니다.

또한 파티쉐는 미적감각과 색채 감각, 그리고 간단한 디자인도 할 줄 아는 토털 아티스트가 되어야 합니다. 그래야 최고의 멋과 맛을 낼 수 있기 때문이죠. 그래서 프랑스 말로 멋과 맛에 따라 과자 만드는 사람을 파티쉐라고 하지요.

꿈을 찾기 위해 고민하는 어린이들이 이 책을 통해 파티쉐를 접하고 인내의 지혜도 얻을 수 있기를 바랍니다.

2007.4 파티쉐 김영모

 차례

1장 파티쉐 이야기 08
최초의 파티쉐를 찾아라 • 빵 공장이 생겼어요 • 빵, 꽃을 피우다

2장 김영모 이야기 22
대를 잇는 파티쉐 • 아버지와 어머니들 • 빵을 만들기 시작하다
'김영모 과자점'을 열다 • 빵을 배우러 세계로 떠나다
세상에서 가장 특별한 빵

3장 파티쉐의 하루 82
새벽 4시 가장 먼저 일어나는 새 • 새벽 6시 꿈을 굽는 빵집
오전 11시 빵, 시험대에 오르다 • 오후 2시 개선은 바로바로
오후 5시 잊지 말아야 할 것 두 가지

4장 특별한 멘토링 94

새벽형 인간이 돼라 • 책과 친해져라 • 외국어를 공부하라
예술과 친해져라 • 강인한 체력을 길러라 • 스스로의 마음을 다스려라
정직하라 • 나만의 레시피를 가져라 • 여행을 떠나라 • 스승을 찾아라
고객을 나의 가족처럼 여겨라 • 빵을 가장 먼저 생각하라

5장 엄마와 함께 만들어봐요 130

초콜릿 롤케이크 • 오렌지 파운드 케이크 • 허니 마들렌
오렌지 시퐁 케이크 • 초콜릿칩 마카다미아 쿠키

6장 국내외 파티쉐학교 및 견학할 만한 곳 142

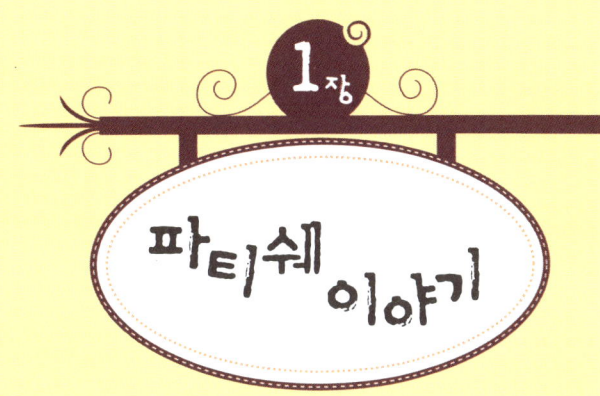

1장 파티쉐 이야기

여러분이 알고 있는 파티쉐는 어떤 사람인가요?
단순히 맛있는 빵과 과자, 케이크를 만드는 사람일까요? 그렇지는 않답니다.
파티쉐가 언제부터 생긴 직업인지, 또 어떻게 발전해 왔는지,
신석기 시대부터 합스부르크 왕가의 찬란했던 빵의 세계까지
함께 여행하면서 알아보도록 할까요?

파티쉐 이야기

요즘엔 파티쉐라는 말을 들어본 친구가 많겠죠? 텔레비전이나 잡지, 신문 등에서 어렵지 않게 찾아볼 수 있게 된 덕분에 요즘이야 "파티쉐가 무슨 일을 하는 사람이지?"라고 묻는 사람이 적어졌지만 불과 십여 년 전만 하더라도 파티쉐가 어떤 일을 하는지 모르는 사람이 훨씬 더 많았답니다.

그렇다면 여러분이 알고 있는 파티쉐는 어떤 사람인가요? 단순히 맛있는 빵과 과자, 케이크를 만드는 사람일까요? 그렇지는 않답니다.

파티쉐가 언제부터 생긴 직업인지, 또 어떻게 발전해 왔는지, 함께 알아보도록 할까요?

최초의 파티쉐를 찾아라!

자, 우리는 지금 인류 최초의 파티쉐가 탄생하려는 순간을 앞두고 있습니다. 그런데 왜 빵 냄새가 나질 않냐고요? 당연하지요. 주위를 둘러보세요. 우리가 있는 이곳에서는 지금 볼 수 있는 건물이나 그릇 같은 건 찾아볼 수 없답니다. 바로 신석기 시대이기 때문이거든요. 맞아요. 인간의 조상들이 이제 막 움집을 지어 생활하기 시작한 그 신석기랍니다. 구석기 시대에는 집을 짓지 않고 동굴에서 생활하면서 돌로 사냥을 했지만 이 시대에서는 움집을 짓고 농사도 지었답니다. 빵이 이렇게 일찍부터 만들어졌다는 생각은 아마 누구도 하지 못했겠지요?

앗, 저기를 보세요. 털북숭이 사람들이 돌로 무언가를 빻고 있어요. 자, 다들 숨을 죽이고 함께 보기로 해요.

털북숭이 사람들은 각자 맡은 일이 다른 모양입니다. 누군가는 밭에서 빵을 만들 곡식을 가지고 오고 또 누군가는 그 곡식을 저렇게 돌 위에 올려놓고 껍질을 까고 있는 걸 보니 말입니다. 일을 하면서 털북숭이 사람들은 우리가 알아들을 수 없는 언어로 뭐라고 이야기를 하고 있네요.

아, 이제 곡식을 다 빻았나 봅니다. 곱게 빻아진 가루를 보니 아마 저 곡식은 밀인 것 같군요. 쌀가루와 비교했을 때 밀가루는 훨씬 하얗고 가볍거든요. 그런데 저 밀가루로 무얼 하려는 걸까요? 저렇게 물에 밀가루를 섞으면 어떻게 되는지 저 사람들은 알고 있는 걸까요? 아, 아마 알고 있었던 모양입니다. 요즘의 빵 반죽과는 전혀 다른 모양이지만 그것을 뜨겁게 달궈진 돌 위에 얹어 굽기 시작하는 걸 보니, 저건 분명히 빵을 굽는 것임에 틀림없습니다. 빵의 가장 기본적인 반죽이 바로 밀가루, 물, 소금인데 저 사람들은 그 중에 두 가지를 사용하고 있으니 말입니다.

비록 효모나 버터 같은 첨가제를 넣지 않아 요즘 빵처럼 부드럽거나 푹신해 보이지는 않지만 갓 구워진 저 밀가루 덩어리가 바로 인류 최초의 빵이랍니다. 그렇다면 밀을 빻고 그것을 물과 반죽해 구워낸 저 사람들이 바로 인류 최초의 파티쉐가 되는 셈이겠지요.

여러분이 알고 있는, 그리고 상상했던 파티쉐와는 많이 다른 모습인가요? 하하, 그럴 수밖에요. 지금은 무려 6000년 전이니까 말입니다.

구석기 시대에는 야생 밀을 그냥 씹어서 먹었다고 하니 이 시대 사람들이 빵을 만든 것은 굉장히 큰 발전이지요.

자, 그렇다면 시간을 조금 더 앞질러 가볼까요? 이제부터는 조금씩 우리가 알고 있는 빵에 가까운 모습이 나타날 테니 모두 기대하세요!

🍞 빵 공장이 생겼어요

자, 무사히 도착했으니 다들 눈을 뜨고 주위를 둘러보세요. 여기가 어디인지 짐작이 되나요? 높다란 기둥들과 흰 천으로 몸을 두른 사람들이 길을 오가고 있네요. 저 건물은 요즘 기술로도 쉽게 지을 수 없을 것 같은데……. 그러고 보니 저 건물이 바로 콜로세움이군요. 우리가 볼 수 있는 콜로세움은 한쪽 귀퉁이가 떨어져나간 모습이라서 저렇게 위풍당당한 모습은 상상도 못했는데, 실제로 보니 정말 아름답네요.

아차, 우리가 로마 시대로 온 것은 아름다운 건축물을 보기 위해서가 아니랍니다. 바로 전문적으로 빵을 만드는 사람들을 만나기 위해서지요. 자, 그럼 빵을 만드는 사람을 찾아볼까요? 그런데 어디로 가야 빵 만드는 사람을 만날 수 있죠? 낯선 곳에서 길을 잃었을 때 가장 좋은 방법은 바로 그곳에 사는 사람에게 물어보는 것이랍니다.

"저희는 지금 빵 만드는 사람을 찾고 있습니다. 죄송하지만 길을 알려주실 수 있나요?"

"그렇다면 빵 공장으로 가야지. 여기서 그리 멀지는 않지만, 간다고 해서 만나 줄지는 장담을 못하겠군. 지금 한창 바쁘게 움직이고 있을 테니까."

여러분도 들었지요? 분명히 제게 길을 알려준 사람은 빵 공장이 있다고 했어요. 로마 시대 때 빵 공장이 존재했다니, 정말 신기하지 않나요? 어서 빨리 가보고 싶어서 제 마음보다는 발이 먼저 움직이기 시작했습니다. 하하하.

으음 이 빵 굽는 냄새. 언제 맡아도 정말 행복합니다. 평생 파티쉐가 되려고 결심한 여러 가지 이유 중 하나가 바로 이 빵 굽는 냄새 때문일지도 모른다는 생각을 할 정도니까요. 자, 그럼 이제 저의 까마득한 대선배님을 만나 볼까요?

"안녕하세요. 저는 먼 미래에서 온 김영모라는 사람입니다. 옛날엔 어떤 분들이 어떻게 빵을 만들었는지 궁금해 이렇게 먼 길을 찾아왔습니다. 혹시 방해가 되지 않는다면 옆에서 견학을 좀 할 수 있을까요?"

"미래라고? 그건 어디에 있는 나라야? 그나저나 지금 한창 바쁘니 보고 싶으면 옆에서 방해하지 말고 구경해. 단, 시끄럽게 떠들거나 일 하는 데에 방해가 되면 당장 쫓아낼 줄 알아!"

다행히 허락을 받긴 했지만 궁금한 것들은 어떻게 물어봐야 할지 모르겠네요. 아마 좀 한가해질 때까지 기다려야 할 것 같습니다. 그럼 우선 공장 안을 구경해 볼까요?

멀리서 봐도 후끈거리는 저것은 한눈에 빵을 굽는 화덕이라는 것을 알 수 있습니다. 그리고 그 반대편에는 반죽을 위한 작업대가 죽 늘어서 있네요. 옆에 잔뜩 쌓여 있는 가마니들은 아마 밀가루를 담고 있는 것이겠지요?

그리고 빵을 만드는 데에 필요한 각종 기구들도 많고…… 앗, 그런데 저 구석, 그늘진 곳에 가지런히 놓인 바구니의 정체는 무얼까요? 주변이 깨끗이 정돈된 걸로 봐서는 아마 꽤 중요한 것을 놓아둔 것 같은데 겉으로만 봐서는 안에 뭐가 들었는지 알 수가 없으니 정말 궁금해집니다. 마침 사람들이 잠시 한가해진 것 같으니 살짝 물어볼까요?

"선배님, 저기 구석에 있는 바구니들 속에는 뭐가 들어 있는 거죠? 혹시 제가 가서 열어볼 수 있을까요?"

"뭐? 지금 무슨 소리를 하는 거야! 저게 얼마나 중요한 건데 함부로 손을 대려고 그래! 빵을 만드는 데에 있어서 빠지면 절대로 안 되는 거라고!"

"빵을 만드는 데에 있어서 빠지면 안 되는 거라고요? 그렇다면 저게 효모인가요?"

"효모를 알아? 호오, 빵 만드는 걸 어느 정도 공부한 모양이군. 그래 바로 저게 효모야.

원래는 약 2000년 전 이집트에서부터 사용하기 시작했지만 이집트인들은 그저 자연적으로 효모를 얻었을 뿐, 우리처럼 인위적으로 만들지는 못했지. 저 바구니는 바로 효모를 배양하는 효모의 집인 셈이야. 우리 로마 사람들이 아니면 생각도 못할 굉장한 발명이라는 걸 알아두라고. 암, 그렇고 말고."

아, 그렇다면 로마 시대에 빵 공장이 생길 수 있었던 것은 사람이 효모를 만들어낼 수 있게 되었기 때문이군요. 이집트에서도 효모를 이용해 빵을 만들었지만 원하는 만큼 얻지 못하다 보니 이렇게 큰 빵 공장은 만들 수 없었을 테고요. 그렇다면 여기서 빵을 만들고 있는 분들이 바로 오늘날 모든 파티쉐들의 진정한 선배님이시군요.

자, 그럼 이제 또다른 시대로 날아가볼까요?

 빵, 꽃을 피우다

이번에 도착한 곳에서는 잠시 눈을 감아 보세요. 그리고 귀를 기울여 보세요. 저 멀리서 은은하게 들려오는 바이올린 소리가 들리나요? 봄바람처럼 살랑살랑 날아드는 플루트 소리는요? 여기가 어디인지 짐작이 되나요? 여기는 바로 음악의 도시 빈이랍니다. 지금은 오스트리아의 수도로 알려져 있지만 약 300여 년 전, 그러니까 우리가 있는 지금 이 시대는 합스부르크 왕가가 살고 있는 곳이었답니다.

합스부르크 왕가는 유럽 내에서 그 세력이 대단한 가문이었는데, 특히 예술 쪽으로도 많은 관심을 보여 빈이 지금처럼 아름다운 도시가 되는 데에 많은 영향을 미쳤다고 합니다. 그 아름다움에 대한 열정은 빵과 과자에도 그대로 녹아들었다고 하네요. 그럼 그 현장으로 이제부터 가보도록 하지요.

여기서부터는 아무나 함부로 들어갈 수 없는 합스부르크 왕가의 궁전입니다. 혹시 들키기라도 하면 상상도 못할 곤욕을 치를지도 모르니 모두들 아무 소리 내지 말고 조용히 따라 와야 해요. 알았지요?

　음, 달콤하고 고소한 냄새가 나는 걸 보니 저쪽이 주방이겠군요. 자, 조심조심 가 보도록 해요. 마침 문이 조금 열려 있어서 안을 들여다보기 쉽겠는걸요. 저기 흰 가운을 입고 있는 저 두 사람을 자세히 보세요. 젊은 사람이 나이 든 사람에게 이제 갓 만들어진 케이크를 내놓고 있네요.

　"주방장님. 새로운 케이크가 완성됐습니다."

　"흐음. 맛은 좋은데……."

　"케이크는 맛만 좋으면 되지 않습니까. 멋을 부리는 건 사치입니다."

　"그래. 자네 말이 맞을지도 몰라. 하지만 우리처럼 빵과 케이크에 모든 것을 바치기로 한 사람은 자신의 손을 거친 것을 예술의 경지로 이끌어야 할 책임이 있어. 음악과 미술에 평생을 건 사람들이 그렇듯이 말이야. 물론 맛으로도 사람을 감동시킬 수는 있지만 겉모습 역시 그에 못지않게 중요한 법이야. 다시 노력을 해 보게."

아, 저 두 사람은 케이크의 맛이 아닌 모양에 대해 고민을 하고 있군요. 여러분은 어떻게 생각하나요? 저 합스부르크 왕가 주방의 나이 든 사람처럼 빵과 케이크의 맛뿐 아니라 모양도 중요하다고 생각하나요? 아니면 모양은 상관없이 맛만 좋으면 된다고 생각하나요? 더 아름답고 화려한 모습의 빵과 과자, 케이크를 만들기 위한 노력은 바로 합스부르크 왕가의 주방에 속해 있던 파티쉐들에 이르러 절정을 맞게 됩니다. 더군다나 저 두 사람은 가장 고귀한 왕족들에게 내놓을 케이크를 만드는 일을 하고 있으니 그런 고민이 더 깊은 게 당연하겠지요.

자, 지금까지 여러분은 저와 함께 빵의 역사에 있어 가장 중요한 전환점을 돌아봤답니다. 파티쉐라는 이름이 생긴 것은 그리 오래된 일이 아니지만 빵을 전문적으로 만들어 온 직업은 아주 오래 전부터 존재했다는 사실, 모두 알게 되었겠지요?

어떤 일을 하건 간에 아주 오래 전부터 이어져 온 직업에는 그 안에 철학이 담겨 있기 마련입니다. 일을 통해서 자신의 꿈을 이루고 다른 사람들을 행복하게 해주는 것이 바로 그것이지요. 그렇다면 파티쉐는 어떨까요?

파티쉐는 빵과 과자, 케이크 등에 자신의 인생을 걸어야 합니다. 그리고 그것들을 통해 사람들을 기쁘고 행복하게 만들어줘야 할 의무와 책임이 있답니다. 때문에 파티쉐들은 항상 새롭고 더 맛있는 빵을 만들기 위한 고민이 빵을 굽는 즐거움의 몇 배나 크답니다.

    그럼에도 불구하고 파티쉐가 되고 싶다는 결심을 한 친구들이라면 이제부터 제가 들려주는 이야기를 꼼꼼히 읽어보길 바랍니다.

2장 김영모 이야기

어려운 환경 속에서도 절망하지 않고 꿈과 희망을 구워낸 파티쉐 김영모.
빵은 이 세상 어느 것보다도 사람의 마음을 따뜻하고 행복하게 만드는
신기한 힘이 있는 걸까요? 그 이야기 속으로 함께 들어가 봅시다.

대를 잇는 파티쉐

월드 페스트리컵 대회가 프랑스 리옹에서 열렸다. 월드 페스트리컵 대회는 과자라면 세계 최고라 자부하는 파티쉐들의 올림픽인데 동양 사람들도 간간히 눈에 띄었다. 그 중에서 태극기 마크를 단 파티쉐가 보였다. 그는 아이스 카빙, 얼음 조각 부문에 참가 중이었다.

아이스 카빙, 얼음 조각은 자신이 직접 구운 빵과 과자에 어울리는 장식물인데, 이것을 만드는 것 또한 파티쉐에겐 꼭 필요한 자격 요건 중 하나였다. 때문에 월드 페스트리컵 대회에서는 파티쉐의 예술적 창조력을 가늠하기 위해 얼음 조각을 정식 종목으로 채택하고 있었다.

'윙윙' 거리는 소리와 함께 얼음 조각이 시작되자 눈꽃이 피어났다. 뜨거운 열기를 잠시 식혀줄 듯 차가운 얼음 가루들이 긴장한 파티쉐들의 얼굴에 내려 앉았다. 사각형의 밋밋하기만 했던 얼음은 점차 아름다운 모습을 찾아갔다.

한편에서는 사람의 손으로 만들었다고는 상상하지 못할 정도로 정교하게 장식된 초콜릿 케이크, 살아 움직일 것 같은 여러 동물 모양의 쿠키, 절로 손이 가는 노릇노릇한 빵들…… 그야말로 온통 맛있고 아름다운 것으로 이루어진 과자 나라가 조금씩 그 모습을 드러내고 있었다.

드디어 심사 위원들이 심사를 하기 위해 자리에서 일어났다. 작품들이 하나 같이 너무나 뛰어난 탓인지 심사 위원들을 신중을 기하며 천천히 각각의 작품을 평가했다.

"곧 수상자 발표가 있겠습니다!"

연단 위로 올라선 사회자가 마이크를 잡았다. 월드 페스트리컵 대회에서 수상한 파티쉐는 세계 어느 곳에서도 인정받기 때문에 참가자들은 모두 조마조마한 마음으로 사회자의 얼굴만 바라보았다.

"올해의 수상자는……."

이름이 불린 파티쉐들은 제각각 멋진 세레모니를 보여주며 단상 위로 달려나갔다. 어떤 수상자들은 눈가가 촉촉히 젖어들며 감격에 젖었다.

"아이스 카빙 부문, 김, 영, 훈!"

　　사회자의 입에서 한국 사람의 이름이 불리자 여기저기서 박수가 터져나왔다. 김영훈이 단상으로 당당히 걸어나가자 김영모의 얼굴에 미소가 번졌다. 김영훈은 '김영모 과자점'으로 유명한 파티쉐 김영모의 아들이었던 것이었다. 대를 잇는 파티쉐라?
　　우리나라에서는 빵 문화가 그리 길지 않기에 결코 쉽게 볼 수 없는 모습이었다.

　김영모는 김영훈이 처음으로 자신의 뒤를 이어 빵과 과자를 만들고 싶다고 말했던 순간이 떠올랐다.

　'그 아들이 이렇게 훌륭한 파티쉐가 되어 상을 타다니…….'

　김영모는 단상에서 내려온 아들을 꼭 껴안아주었다.

　짧은 순간 김영모의 머릿속에는 지난 세월이 필름처럼 차르르 돌아갔다. 빵 만드는 사람, 김영모가 있기까지의 그 긴긴 이야기를 떠올리며 김영모는 아들의 얼굴을 바라보았다. 그는 자신의 젊은 시절을 참 많이도 닮아 있었다.

　'아, 그 세월을 이겨 낸 건 정말 잘한 일이야.'

아버지와 어머니들

역사 속에 위인들을 살펴보면, 위대한 인물 뒤에는 위대한 부모가 있기 마련이다. 물론 신통치 않은 부모 밑에서 천재성을 발휘하는 위인들도 있지만, 그건 어려운 환경이 사람들의 숨은 천재성을 끌어내기 때문이 아닐까?

김영모는 아마도 후자 쪽일 것이다. 그에게는 부모가 너무 많았다. 낳아주신 부모, 키워주신 부모들이 각각 달랐다. 또한 그들은 김영모에게 어려운 환경을 만들어 주었다. 숨은 천재성을 끌어내기 위함이라고 한다면, 좀 과하다 싶을 만큼 혹독한 환경은 김영모가 아직 세상의 말을 다 알아듣지 못하던 아기 때부터 시작되었다.

아직 젖도 떼지 않았던 영모는 겨우 고개를 들어 어머니와 아버지가 나누는 소리를 귀에 담으려 버둥거렸다. 영모의 형은 훌쩍거리면서 "엄마, 아빠!"를 번갈아 불렀고 어머니도 눈가를 붉히며 말했다.

"젖도 안 뗀 애를 어떻게 두고 간단 말이에요? 어차피 새살림 낼 거면, 그 집 댁이 거둘 것도 아니고. 내가 키울게요."

"애들 걱정이랑 말고, 새 신랑 얻어 잘 살라고."

형의 불안한 눈길이 동생 영모에게 향했다. 한바탕 큰소리가 다시 오갔다. 어린 영모는 그 소리에 놀라 자지러지게 울었다. 그러다 깜박 잠이 들었는데, 깨어보니 빈 방에 홀로 남겨져 있었다.

결국 어머니는 형을 데리고 재혼을 했고 아버지는 새살림을 차렸다. 그러나 아버지는 영모를 데려 가지 않았다. 영모는 그렇게 해서 작은아버지에게 맡겨졌다. 작은아버지는 어려운 살림살이였기에 어린 영모가 마땅치 않았다.

못마땅해하는 작은아버지에게 어렵게 말을 꺼낸 것은 고모였다.

"그럼, 내가 키울게. 마침 우리 애도 아직 젖을 먹이고 있으니까……."

영모는 다행스럽게도 한 집에 살던 고모에게 맡겨져 사촌과 한 젖을 나눠 먹으며 자랄 수 있었다. 고모는 꼭 친자식처럼 영모를 돌봤다. 영모도 고모의 따뜻한 품에서 하루가 다르게 자랐다.

"아이고, 지겨워. 너랑은 이제 한시도 같이 못 살겠어!"

무슨 일일까? 이제 제법 말귀를 알아듣는 영모는 그 소리가 너무나 불안했다. 영모의 예감대로 고모는 며칠 만에 작은아버지 집에서 멀리 떨어진 어딘가로 이사를 갔다.

"영모야, 고모가 가끔 보러 올게."

고모는 어린 영모를 두고 가는 것이 퍽 마음에 걸리는 모양인지 쉽게 발길을 떼지 못했다. 하지만 무슨 일 때문인지는 모르지만 작은아버지와 사이가 벌어진 고모는 그렇게 이사를 가고는 다시 찾아오지 않았다. 그렇게 영모는 작은아버지 집에 홀로 남겨졌다.

다행히 작은어머니는 마음이 따뜻한 분이어서 어린 영모를 사촌들과 똑같이 따뜻하게 보듬어 주었다. 하지만 집안 형편이 어려워 입에 풀칠하기도 어려운 나날들이 영모를 힘들게 했다.

어느날 학교에서 미군 부대에서 얻어온 분유를 급식으로 나눠 주었다.

"나 한입만 줘."

영모는 다른 아이들 분유를 한입씩 구걸하다시피 해서 빼앗아 먹었다. 집에서 제대로 먹지 못했던 영모는 그렇게 허기진 배를 채우려 했던 것이다. 먹고 또 먹었다. 영모는 그동안 먹지 못한 것을 보상이나 받으려 하듯 한 번에 많은 양의 분유를 입에 밀어 넣었다. 그런데 이게 탈이었다. 영모는 그만 배탈이 나고 만 것이었다.

"아니, 웬 열이 이렇게 나니!"

작은어머니는 수건을 가져다 갈아주며 말했다. 영모는 종일 설사를 했다. 기운이 하나도 없었다. 이부자리에서 겨우겨우 일어나 볼일을 보고 돌아오면 꼼짝 없이 누워만 있었다.

"미련하게 분유를 그렇게 먹는 애가 어디 있니?"

작은어머니의 말에 영모는 괜히 서러워 눈물이 났다.

'엄마, 아빠!'

가난하고 힘든 날들이었다. 그렇게 몇 해가 또 흘렀다. 사실 흘렀다는 표현은 어울리지 않는다. 십수 년의 세월을 영모는 견뎌내고 있었다.

그러던 어느 날, 영모가 초등학교 5학년 때였다.

"영모야, 아버지한테 가자. 거기서 돌아올 생각 말고 잘 살아라."

작은아버지가 영모에게 간단한 짐을 꾸리게 하고는 광주의 한 양옥을 찾아갔다.

단정한 차림의 새어머니와 영모보다 나이가 어려보이는 남자 아이 둘 그리고 여자 아이 하나가 거지 모양으로 작은아버지에게 끌려온 영모를 흘끔거렸다. 아버지는 밤이 늦어 돌아왔다.

"네가 영모냐?"

아버지는 영모를 멀뚱히 보며 물었다. 새어머니는 그 옆에 말없이 앉아 있다가 저녁을 지을 모양인지 부엌으로 갔다. 영모는 아버지를 조심스럽게 살피며 고개를 끄덕거렸다.

"이까 내 옆에 있던 아줌마가 이제 네 엄마다. 엄마 말 잘 듣고 말썽부리지 마라."

하루아침에 전혀 다른 집에서 기억에도 없는 아버지와 어머니, 동생들이 생기자 영모는 혼란스러웠다. 광주에서의 생활 역시 배가 고프기는 마찬가지였다. 아버지가 돈을 벌어오지 않아서 식구들은 김치와 멸치를 넣어 멀겋게 끓인 죽으로 끼니를 때우기 일쑤였다.

"김씨가 웬 애를 달고 왔다면서."

"그게 아니고, 김씨네 동생이라는 사람이 데리고 왔대."

"그래? 어려운 살림에 군입 하나 더 늘었네."

사람들이 수군거렸다. 새어머니를 만나러 온 동네 아주머니들이었다. 이미 철이 든 영모는 그 이야기가 자신을 말하는 것인지 알아차렸다.

'모두 자기들 맘대로야! 나한테는 한마디 상의도 없이! 나한테는 아무것도 알려주지 않고!'

영모는 말썽을 부리기 시작했다. 남동생들을 부추겨 동네 아이들과 싸움을 하고 여동생을 괴롭혔다.

"영모야, 왜 그러니?"

새어머니가 달래면 영모는 더욱 화를 냈다.

"아주머니가 무슨 상관이에요!"

"뭐? 아주머니?"

새어머니와 투닥투닥 다투는 일이 많아졌다. 새어머니는 점점 지쳐 갔다.

"돈도 못 벌어오면서, 애까지 데리고 오면 어떻게 해요?"

새어머니는 몹시 속상한 듯 목이 잠겨 훌쩍였다.

"뭐라고? 지금 나한테 시비를 거는 거야?"

얼큰하게 술에 취한 아버지의 목소리가 높아졌다.

"당신은 집안 형편이 어떤지 알기나 해요? 영모는 나한테 어머니라고 부르지도 않고. 정말 힘들다고요."

그렇게 새어머니와 싸우고 나면 아버지는 어김없이 영모를 불러다 한소리를 했다.

"영모 너 아직도 어머니를 어머니라고 부르지 않았던 거냐?"

그러나 영모는 입을 꾹 다물었다. 아버지의 매서운 손길이 영모의 엉덩이와 등짝에 내려앉아도, 회초리가 종아리를 붉게 달구어도 마찬가지였다. 이제 영모는 어른들의 말을 제대로 알아들을 수 있는 나이였던 것이다.

영모는 광주 집을 뛰쳐나왔다.

'차라리 나를 아껴주는 작은어머니가 있는 집으로 가자.'

영모는 그렇게 해남 작은아버지 집으로 돌아갔다. 차표 살 돈이 없어서 비포장도로를 꼬박 4일 동안 걸었다. 밤에는 산짐승 울음소리가 들렸다. 그러나 그것보다 더 무서운 것은 도로 곳곳에 세워져 있던 전봇대였다. 하얀 전봇대가 마치 귀신처럼 보여 기절했다 다시 일어나 걷기를 반복했다. 그렇게 어렵게 찾아갔지만 작은아버지는 집으로 들어서는 영모에게 버럭 소리를 질렀다.

"이놈 자식, 여기가 어디라고 왔냐? 이쪽엔 얼씬도 말라 했냐, 안 했냐?"

작은아버지는 집에 돌아온 영모를 흠씬 두들겼다. 넋이 홀딱 빠질 정도로 맞고, 정신을 잃은 영모를 보고 작은어머니는 한편에서 눈물을 찍어냈다.

"어린 것이 무슨 죄가 있다고……."

작은어머니는 영모가 정신을 차리자마자, 영모에게 외갓집에 가라며 약간의 돈과 주소를 적은 종이쪽지를 건넸다. 어디선가 영모네 외갓집이 잘

산다는 이야기를 들은 것이다.

　또다시 영모는 짐을 싸서 외갓집을 찾아 길을 떠나야 했다. 낯선 동네에 도착해 물어물어 찾아간 집은 으리으리했다. 그러나 그 앞에 서 있던 영모는 누가 봐도 영락없는 거지꼴이었다. 대문 앞에 서 있는 외손자를 보고 외할아버지는 이렇게 말했다.

　"집 앞에 거지 아이 하나가 있구나. 밥이나 한 끼 먹여서 보내라."

　영모는 돌아서는 외할아버지에게 기어들어가는 목소리로 말했다.

　"여기가……제 외갓집이라던데요."

　그제야 외할아버지는 영모를 가만히 돌아보았다.

　"그럼, 네가 병호 동생이냐?"

　영모는 형의 이름이 '병호'인 것을 그때 처음 알았다. 그러자 그 광경을 물끄러미 내다 보던 다른 식구들이 모두 달려 나왔다. 그들은 이상할만큼 애처롭게 영모를 내려다보았다. 그러나 영모는 왠지 모르게 편안했다.

　외갓집에서 보낸 날들은 이제까지의 생활과는 퍽 달랐다. 누구도 구박하거나 때리지 않았고 눈치도 주지 않았다. 배고픔에 떨지도 않았다. 꿈만 같은 날들이었다.

그러던 어느 날 아름다운 부인이 영모가 머물고 있는 외갓집으로 찾아왔다.

"아버지, 저 왔어요."

대문으로 들어서던 부인이 처음 한 말이었다.

"오냐, 먼 길 오느라 고생 많았다."

그 부인은 외할아버지에게 큰절을 올리더니, 영모에게는 눈길도 주지 않고 다른 방으로 들어가 꼼짝도 하지 않았다. 그런데 그날 밤, 잠을 자던 영모는 웬 인기척에 잠이 깨어 실눈을 떴다. 낮에 보았던 그 부인이었다. 부인은 영모의 손을 잡고 울고 있었다. 영모는 자리에서 일어나 들썩이는 그 부인의 어깨를 가만히 다독여 주고 싶었지만 그럴 수 없었다. 어쩐지 그러면 안 될 것만 같았다. 영모는 가슴 한 쪽이 퀭해지고 코끝이 찡해졌다.

'아……'

짧은 탄식이 터져 나올 것만 같아, 영모는 입술을 꽉 악물었다. 어느새 다시 잠이 들었던가? 영모가 아침녘에 눈을 떴을 때는 다시 혼자였다. 부인은 이른 아침에 떠났다고 했다. 영모는 밤새 눈물을 흘리며 자신의 손을 잡았다 놓았다 하던, 그 부인이 자신을 낳아준 어머니라는 것을 알 수 있었다.

"할아버지, 어머니한테 가서 살면 안 되나요?"

"이곳에서 할애비랑 농사 짓고 살자. 네 어미를 찾아간들 당장 같이 살

수는 없어. 네가 자꾸 그러면 모두 힘들어질 뿐이야."

외할아버지의 말을 이해하지 못한 것은 아니었으나, 영모는 어머니를 한 번만이라도 더 보고 싶었다.

"가까이 사시는 이모네 집에서 잠시만 지내면 안 될까요? 잠시만요!"

"핏줄이 끌리는 걸 어떻게 하겠냐……."

외할아버지는 그 말을 하며 영모의 결정에 따라 주었다.

그렇게 해서 영모는 어머니가 살고 있던 경상북도 왜관에 있는 이모네 집에서 살게 되었다. 외할아버지와 살던 때보다는 훨씬 불편했지만 영모에게는 그런 불편을 감내할 이유가 있었다. 어머니를 만난 것이었다.

"잘 있었니?"

어머니는 떨리는 목소리로 말했다. 하지만 영모는 아무 대꾸도 하지 못했다. 무슨 말인가를 해야 하는데, 목구멍에 말들이 걸린 채 따끔거리기만 했다. 그러는 사이 어머니는 영모의 머리만 몇 번이고 쓰다듬었다. 어머니는 그날처럼 따뜻하지 않았고 영모를 만나는 내내 불안한 표정이었다. 영모의 마음도 그날처럼 오줌이 찔끔찔끔 마려울 정도로, 가슴이 따끔따끔 아플 정도로 찡하지 않았다. 몇 분이나 지났을까?

"다시 오마!"

차 한 잔 마실 틈도 없이, 어머니는 바쁜 걸음으로 돌아섰다.

'어머니, 나를 낳으신 어머니.'

어쩐 일인지 그날 이후, 영모는 청년이 되었다. 꼭 밀린 숙제를 한 것처럼 홀가분했다. 이제는 혼자인 것이 두렵지 않았다. 영모는 가슴 속에 자신도 모르게 쌓였던 앙금들을 툴툴 털어냈다. 그리고 성공해서 잃어버린 어머니와 형을 되찾겠다고 결심했다.

'그럼, 이제부터 뭘 한다?'

그날부터 영모는 새로운 고민을 하기 시작했다.

빵을 만들기 시작하다

아버지와 함께 광주에서 살던 시절, 배가 고플 때면 학교 앞 빵집을 기웃거리며 시간을 보내곤 했다.

"그래, 빵집에 취직하자. 그러면 빵을 실컷 먹을 수 있을 거야. 잠잘 곳도 구할 수 있고. 열심히 기술을 배우다 보면 나중에 내 이름을 내건 빵집을 열 수도 있겠지? 세상에서 가장 맛있는 빵을 만드는 빵집 말이야!"

영모는 갓 들어간 고등학교 공부를 접고, 빵을 굽는 사람이 되기로 결심했다. 그날 이후, 영모는 길을 걷다가 빵집이 보이면 무조건 문을 열고 들어가 씩씩한 목소리로 말했다.

"어떤 일이든 시켜만 주세요. 열심히 하겠습니다!"

그러나 그 일은 한 번에 끝나지 않았다. 가게 주인들은 어린 학생이 찾아와 맹랑하게 큰소리를 치는 꼴이 재미있다는 듯이 쳐다보면서도 대답은 인색했다.

"우린 벌써 일할 사람 다 구했어. 다른 데 알아봐."

"그냥 먹여주고 재워만 주세요."

"필요 없다니까 그러네. 얼른 나가지 못해?"

영모는 쉽게 포기하지 않았다. 어머니를 봐야겠다고 생각했을 때만큼이나 그는 강경했다.

'빵 굽는 사람이 되리라!'

그러나 겨우 일자리를 구한 곳이 하필이면 어머니가 살고 계신 동네의 빵집이었다. 빵을 만들려면 물을 길어 날라야 했는데, 그러자면 어쩔 수 없이 어머니 집 앞을 지나쳐야 했다. 영모는 학교에도 가지 않고 빵집에서 일하는 모습을 어머니에게 들킬까 걱정이 되어, 6개월 만에 그 빵집을 그만두고 말았다.

영모는 달랑 차비만 들고 대구로 향했다.

"옛말에 크게 되려면 큰 물에서 놀라고 했어. 큰 도시로 가는 거야!"

이유는 따로 있었지만, 스스로를 그렇게 위로했다. 대구에 도착하자마자 영모는 그 길로 일할 곳을 찾아 다녔다. 처음 일자리를 구할 때와 똑같은 상황이었다. 아무 빵 집에나 불쑥 들어가 무작정 일하게 해 달라고 사정했다. 두드리면 열린다고, 마침 동네 구멍가게에 빵을 공급하던 공장에서 영모를 쓰겠다고 했다. 하지만 말이 공장이지 시설은 아주 형편이 없었다. 벽돌과 흙으로 만든 화덕에 연탄을 때는 오븐이 몇 개 있을 뿐이었다. 그런데 이 오븐은 온도를 조절하는 것이 쉽지가 않았다. 연탄을 집게로 부수고 물에 섞어 그것을 반죽처럼 만들어 오븐 바깥쪽에 바르거나 긁어내는 것으로 온도를 조절 해야 했는데 그러다 보니 영모는 하루종일 연탄과 씨름을 해야 했다.

"이봐, 오븐이 너무 뜨겁잖아. 빵을 다 태울 참이야? 똑바로 안 하면 쫓겨날 줄 알아!"

조금이라도 한눈을 팔면 어느새 선배들이 영모에게 와서 으름장을 놓았다. 그럴 때면 영모는 다시 그 독한 가스를 들이마시며 연탄 반죽을 오븐 바깥쪽에 붙여야 했다. 이글거리는 열기와 함께 연탄 가스가 코를 통해 들어오면, 누군가 머리 한가운데를 심하게 때린 것처럼 아팠다. 느끼한 것을 잔뜩 먹은 것처럼 속이 메슥거리고 숨을 제대로 쉬기가 힘들었다. 그렇지만 잠시라도 자리를 비울 수 없었다.

힘든 일은 그뿐만이 아니었다. 빵을 좋아해서 빵 만드는 사람이 되겠다고 결심했던 것인데, 정작 빵은 구경도 할 수 없었다. 남들 몰래 빵을 먹었다가는 코피를 쏟을 만큼 흠씬 두들겨 맞거나 공장에서 쫓겨나기 때문이었다.

그러던 어느 날은 빵이 너무나 먹고 싶어, 아무도 모르게 빵을 집어들고 화장실로 향했다. 화장실은 바닥에 구멍을 뚫어놓은 재래식이었던 터라 똥과 오줌이 뒤섞인 고약한 냄새가 진동하고 있었다. 아무도 화장실에서 몰래 빵을 먹을 거라고는 생각하지 않았다. 그러나 영모는 그곳에 쪼그리고 앉아 우걱우걱 빵을 씹었다. 그런데 화장실 냄새 때문에 맛도 느껴지지 않았다. 그렇게 빵을 먹던 영모는 문득 씹는 것을 멈추었다.

'이게 뭐람? 냄새나는 화장실에서 빵을 먹다니! 남들은 이 빵을 사다가 가족들과 둘러 앉아 웃으며 먹지 않던가?'

영모는 목이 메었다. 하지만 그것은 아직 목구멍으로 넘어가지 못한 빵 때문만은 아니었다.

며칠 후, 이번엔 찹쌀떡이 눈에 들어왔다. 영모는 얼른 찹쌀떡 하나를 입에 넣었다. 그런데 너무 급하게 삼키려다 보니 찹쌀떡이 목에 걸리고 말았다. 영모는 누군가를 불러 도와달라고 하고 싶었지만 목이 막혀 목소리가 나오질 않았다. 온몸에 땀이 흐르기 시작했고 심장은 더욱 빠르게 뛰었다. 얼른 뱉어내려고 해도 목구멍에 달라붙은 찹쌀떡은 떨어질 줄을 몰랐다. 점점 숨이 막히면서 앞이 흐릿하게 보였다.

'아, 이러다 죽겠구나!'

그 순간 "컥!" 하는 소리와 함께 다행히 찹쌀떡이 튀어나왔다. 그야말로 죽다가 살아난 셈이었다.

빵집에서 일하겠다고 마음 먹었을 때 꿈꾸었던 것과는 달리 힘들고 배고픈 날들이 계속 이어졌다. 그러나 영모는 빵 만드는 일이 도통 싫지 않았다. 오히려 어려운 일이 닥칠수록 새로운 의지가 샘솟았다.

영모는 직접 빵을 만들고 싶었다. 하지만 아무도 빵 만드는 법을 알려 주지 않았다.

"공장장님, 소보로빵은 정말 인기가 좋아요. 구워서 가게에 내놓기가 무섭게 전부 팔리다니! 도대체 어떻게 반죽을 하길래 그렇게 맛있는 거죠?"

"이놈 보게. 어디서 감히 남의 비법을 알아내려고? 네 일이나 똑바로 해!"

기술이 곧 돈이던 때라, 누구도 자기 기술을 알려주려 하지 않았다. 때문에 영모는 말 그대로 어깨너머 선배들의 기술을 익혀야 했다. 눈치껏 보고, 혼자서 방법을 연구해야 했던 것이다.

그러던 어느 날 공장에서 큰 일이 벌어졌다.

"배달 갈 사람들이 줄을 섰는데, 왜 아직 빵이 안 나오는 거야?"

"공장장님이 아직 출근 전이세요. 사람을 보냈는데, 아직……."

사장에게 이런저런 불만이 쌓인 공장장이 아무 말 없이 공장에 나오지 않은 것이었다.

"뭐라고? 이런 괘씸한 놈! 그나저나 오늘은 어떻게 하지? 오늘 빵을 보내지 않으면 당장 다른 공장을 알아본다고 난리를 칠 텐데……."

"저……, 사장님. 제가 해 보겠습니다."

"뭐? 자네가? 자네는 들어온 지 1년도 안됐잖아."

"예. 비록 공장장님께 정식으로 배운 건 아니지만, 맛이 떨어지지는 않을 겁니다."

"그럼, 얼른 해 봐. 단, 자네가 지금 한 말은 반드시 책임져야 해."

사장은 물에 빠진 사람이 지푸라기라도 잡는 심정으로 영모에게 빵 굽는 일의 모든 권한을 넘겼다.

다음 날, 공장장은 의기양양해서 공장에 들어섰다.

"이것 보라고. 내가 하루만 나오지 않아도 빵 공장에 빵이 하나도 없는 걸. 이만하면 사장이 내가 귀한 줄 알았겠지?"

그러자 함께 일하던 사람이 공장장에게 귓속말을 했다.

"뭐라고? 어제 누가 빵을 만들었는데, 다 팔렸다고? 그 자식이 누구야? 누가 감히 내 허락도 없이 그런 짓을 했어?"

영모는 공장장의 호통에 기가 질렸지만, 가만히 손을 들었다.

"제가……."

영모는 공장장에게 흠씬 두들겨 맞았다. 공장에서는 사장보다 더 무서운 존재가 공장장이었다. 공장장이 빵을 굽지 않으면 누구도 빵을 만들지 못하는 게 당시의 불문율이었다. 영모에게는 더없이 괴로웠던 하루가 그렇게 지나갔다.

"영모, 눈이 왜 이래? 누구한테 맞은 거야?"

"아무 것도 아닙니다. 계단에서 발을 헛디뎌서……."

"넘어졌다고? 이거 공장장 짓이지? 공장장이라는 놈이 빵 제대로 만들 생각은 안 하고 일 잘 하는 애나 때려?"

사장은 몹시 흥분하더니, 그길로 공장장과 한바탕 입씨름을 했다. 그 사건으로 공장장은 그날로 공장을 그만 두었고, 영모는 스물한 살에 공장장이 되었다. '빵 굽는 사람, 김영모'로 첫 발을 내딛은 순간이었다.

하지만 영모에게는 아직 넘어야 할 산이 하나 더 있었다. 바로 군대였다. 빵을 만드는 데에 있어서 손의 감각은 무엇보다 중요하다. 그런데 군대에 가게 되면 3년 동안 그 감각을 잃게 될지도 몰랐다.

"군대에 다녀오고 나면 내 후배들이 나보다 훨씬 뛰어난 기술을 갖게 될 텐데……그러면 난 더 이상 빵을 만들 수 없게 될 거야."

그러나 고민하는 영모는 결국 신병 훈련소 앞에 서 있었다. 하지만 어렵게 결정해서 입대한 군대에서, 영모는 평생 잊지 못할 책 한 권을 만났다.

그 책을 쓴 작가는 끼니를 걱정해야 하는 가난한 집에서 태어나, 막노동을 하며 닥치는 대로 일을 하고, 삼류 영화의 단역으로 출연하는가 하면 집집마다 돌아다니며 물건을 파는 영업 사원이 되기도 했었다. 그런 삶을 견디다 못한 작가는 열차에 몸을 던져 자살을 하려했지만 문득 '그래도 내가 처한 상황이 최악은 아니지 않은가?'라는 생각이 들었다고 했다. 그 작가는 이런 경험을 토대로 사람에게 이렇게 조언하고 있었다.

첫째, 최악의 경우를 생각하라.

둘째, 최악의 경우를 그대로 받아들여라.

셋째, 최악의 경우를 개선하라.

그 책을 읽고 나자, 군대가 달라 보였다. 자신의 기술을 썩히는 곳이 아니라, 건강한 몸을 만들어 주고 먹여 주고 재워 주는 곳이라고 생각하게 된 것이다. 영모는 군대에서 그동안 부족했던 빵에 대한 이론을 보충하기 위해 친구들로부터 빵에 대한 책을 우편으로 받아 공부를 시작했다. 직접 빵을 만들 수는 없었지만, 상상으로나마 무수히 빵을 만들고 또 만들었다. 책 한 권이 인생을 바꾼다는 말이 사실이었다. 한 권의 책이, 영모를 지옥 같은 군대 생활에서 구해 주었던 것이다.

제대 후 영모는 우리나라에서 가장 훌륭한 빵을 굽는다는 제과점의 빵 공장에 취직했다. 물론 작은 제과점의 빵 공장에 취업했다면, 공장장까지 넘볼 수 있었지만 영모는 좀더 먼 미래를 보고 돈과 잠시의 명예쯤은 기꺼이 포기했다. 하지만 일은 생각했던 것보다 훨씬 힘들었다.

"얼른 일어나. 반죽 안 해 놓으면 어떻게 되는지 몰라?"

선배들의 호통과 함께 시작

되는 아침. 새벽 3시가 좀 넘은 시간, 영모는 무겁기 그지없는 눈꺼풀과 전쟁을 벌여야 했다.

"아이고, 오늘 하루도 이렇게 흘러가는구나. 얼른 들어가 쉬자고!"

정신없이 바쁜 하루 일과가 모두 끝나면 선배들은 썰물처럼 작업장을 빠져나갔지만 영모는 혼자 남아 뒷정리를 했다. 그러다 보면 어느새 밤 10시가 훌쩍 넘곤 했다. 자신이 입었던 앞치마와 모자, 위생복을 빨아 넌 후에야 혼자만의 연습이 가능했는데, 그때는 이미 자정에 가까운 시각이기 일쑤였다. 케이크를 만드는 연습을 하다 보면 잠자리에 드는 건 보통 새벽 2, 3시였으니 하루에 1, 2시간밖에 잘 수 없었다. 하지만 영모에게는 잠을 얼마나 자느냐보다 얼마나 케이크를 잘 만들 수 있느냐가 중요했다. 하루라도 빨리 실력을 쌓고 싶었다. 그렇게 서너 달이 흘렀다.

"자, 여기 동일한 케이크 세 개가 있다. 누가 이 케이크를 만들었는지 한번 맞춰봐라."

공장장은 난데없이 모든 직원들을 모아놓고 케이크를 사람들 앞에 내놓았다.

"이 케이크는 당연히 공장장님이 만드신 것이고, 조금 아쉬운 게 부공장

장님이 만드신 것 같은데……. 그런데 이 케이크는 공장장님 것이랑 똑같잖아!"

"이런, 정말이네. 누구지? 누가 공장장님처럼……."

"무슨 생각들을 하는 거야. 아무리 봐도 공장장님이 똑같은 케이크 두개를 만들어서 우리를 골탕먹이려고 하시는 게 틀림없어. 그렇지 않으면 이렇게 똑같을 수가 없다고."

사람들은 공장장과 부공장장의 케이크는 쉽게 구별해냈지만 모두 정체를 알 수 없는 나머지 하나를 보고는 고개를 갸웃거렸다.

"이건 바로 영모가 만든 케이크다. 이 정도면 이번 크리스마스 때 영모를 내 보조로 일하게 해도 불만이 없겠지?"

그랬다. 공장장은 일찍부터 영모의 노력과 실력을 알아보았다. 하지만 혹시라도 자신이 영모를 편애한다는 오해를 살까, 공개적으로 사람들의 인정을 끌어낸 것이다.

영모는 공장장을 도와 보통의 케이크보다 훨씬 화려한 크리스마스 케이크 수천 개를 성공적으로 만들어 냈다. 그리고 부공장장이 다른 곳으로 직장을 옮기는 것과 동시에 부공장장이 되었다. 남모르게 노력한 결과가 빛을 발하는 순간이었다. 하지만 다른 사람들은 영모를 고운 눈길로 보지 않았다.

"제까짓 게 부공장장이라니? 여기 온 지 얼마나 됐다고."

"기껏 케이크나 좀 만들 줄 아는 놈이 운이 좋았지."

"우리한테 이래라 저래라 하는 꼴을 보느니 차라리 내가 일을 그만두고 말지."

이런 생각을 가진 사람들은 영모의 말을 도통 들으려 하지 않았다. 그러나 영모는 화를 내거나 싸우지 않았다. 그는 묵묵히 모든 일을 한 치의 오차도 없이 해냈고 남들이 케이크 두 개를 만들 때 세 개를 구웠다. 그리고 이제는 케이크뿐만 아니라 공장장만이 할 수 있었던 대부분의 일들을 너끈히 해낼 수 있게 되었다. 항상 가게에 진열된 빵과 케이크, 과자의 모습을 점검하는 사장마저도 어느 것이 공장장이 만든 것이고 어느 것이 영모가 만든 것인지 구분할 수 없을 지경이었다.

그러자 반발하던 직원들의 태도가 조금씩 변했다. 영모를 인정하기 시작한 것이다. 이렇게 영모는 '빵 만드는 사람, 김영모'로 주변 사람들에게 조금씩 인정받게 되었다.

"김영모 과자점"을 열다

몇년 후 김영모는 다른 제과점의 공장장으로 가게 되었다. 이제 빵을 만드는 기술에 관한 한 어느 누구에게도 뒤지지 않는다고 인정받은 것이다.

하지만 김영모는 처음 빵을 굽는 사람이 되려고 결심했을 때, 마음에 품었던 꿈을 아직 가슴에 깊이 새기고 있었다. 자신의 이름을 걸고 빵을 굽고 싶다는 꿈이 그것이었다.

커다란 빵 공장의 공장장이었던 그는 자신만의 작은 빵 가게를 내기 위해 열심히 일하고, 최소한의 생활비만 남기고 모두 저축했다. 그렇게 몇 년이나 꿈을 위한 자린고비 생활을 한 끝에 마침내 '김영모 과자점'이라는 간판을 단 작은 가게를 낼 수 있었다.

"여보, 잠깐 쉬었다 해요. 벌써 몇 시간째 오븐 앞에만 서 있잖아요. 당신이 아니라 오븐이 견디질 못하겠어요."

"조금 있으면 손님들이 밀려들 거야. 그때 맞춰서 빵을 내놓으려면 쉴 틈이 없어."

"아무리 그래도 그렇지. 그러다 정말 쓰러지겠어요."

"별 소릴 다 하네. 이렇게 자랑스러운 내 가게가 있는데 내가 어떻게 쓰러져. 이제 막 내 꿈을 이뤘는데, 억울해서라도 그렇게는 못 하지."

김영모가 즐겁게 빵을 굽자 김영모 과자점을 찾는 손님들은 덩달아 즐거운 마음이 되었다. 언제 찾아도 고소한 빵 냄새가 기다리고 있었고, 그 향기에 취해 그들은 행복한 마음이 되어 가게를 떠나갔다. 그 때문인지 김영모 과자점은 그냥 보통 빵 가게가 아니라 동네 사람들의 만남의 장소가 되었다.

"그 집 아이 인사성이 참 좋아졌어요. 오늘 아침에도 나를 보고 큰소리로 인사를 하지 뭐예요."

"옆 동 사시는 할머니께서 많이 회복하신 것 같아 다행이에요. 이젠 손자들이랑 산책도 다니시던 걸요."

"오늘 저녁 반찬으로 특별한 걸 만들어 보고 싶은데, 좋은 메뉴가 있으면 좀 가르쳐 줘요."

빵을 사러 온 손님들은 빵 가게에서 이웃을 만나 미처 하지 못한 이야기를 나누었다. 그리고 크고 작은 정보를 나누며 각별하게 지냈다. 물론 빵에 대한 이야기도 중요한 얘깃거리가 되었다.

"이 빵은 조금 느끼해요."

"여기에 단맛이 더 들어가면 아이들이 좋아하겠어요."

"식사 전에 먹어도 부담없는 빵은 없을까요?"

이런 조언과 질문을 통해 김영모는 손님들이 어떤 맛을 원하고 어떤 빵

을 바라는지 알 수 있게 되었다. 그는 이런 이야기를 들을 때마다 재빨리 반죽을 새롭게 하거나 새로운 빵을 연구해 손님들의 기대에 어울리는 빵을 만들곤 했다. 그러면 손님들은 자신의 바람대로 만들어진 빵을 맛보기 위해 다시 김영모 과자점을 찾아 왔다. 이 세상 어느 빵 가게보다 행복하고 아름다운 풍경이 매일같이 연출되었기에 김영모 과자점의 하루하루는 더할 수 없이 행복했다.

그러던 어느 날, 하늘이 무너지는 소식이 들려왔다. 한때 김영모가 부공장장으로 일한 적이 있던 제과점에서

대형 분점을 김영모 과자점 앞에 낸다는 것이었다. 김영모는 그 소식에 몹시 기가 막혔다. 구멍가게만큼 작은 과자점 앞에 대형 제과점이 생긴다면, 경쟁이 되지 않을 게 뻔했기 때문이었다. 김영모는 놀란 마음을 추스릴 겨를도 없이 자신이 일했던 제과점 사무실로 달려가 털썩 무릎부터 꿇었다. 목소리는 굳은 크림처럼 성대 저쪽에서 말라붙어 나오지 않았건만 자신의 과자점을 지키기 위해, 사력을 다해 입을 열었다.

"선배님, 김영모 과자점은 제 일생의 꿈입니다. 부디 살려 주세요."

구구절절 쏟아져 나올 것만 같았던 이야기는 이렇게 두어 마디로 끝나고 다시 침묵이 흘렀다. 선배의 눈빛이며 사무실을 가득 메운 무거운 공기 때문에 그는 다시 한번 마른 침을 삼키고 가슴 저편에서 목소리를 불러내야만 했다.

"이 못난 놈, 한번만 살려 주세요. 6평짜리 좁디 좁은 가게지만, 제게는 제 삶이자 희망이자, 평생을 걸어 얻은 유일한 재산입니다. 제발 부탁드립니다. 다른 곳에 분점을 내실 순 없나요?"

하지만 김영모의 떨리는 음성과 젖은 숨 사이에 맞받아쳐지는 선배의 목소리는 냉랭하기 그지 없었다.

"영모, 그럼 이렇게 하지. 우리가 김영모 과자점 앞에 가게를 내는 건 취소할 테니, 대신 지금 가게를 우리에게 팔아. 지금 김영모 과자점 간판은 내리고 우리 간판을 달고. 매장은 지금보다 더 넓히자고. 영모 자네는 계속 빵을 만들게. 그렇게 번 돈의 절반은 영모 자네가 갖도록 해 줄테니. 지금 버는 것보다 벌이는 훨씬 나을 거야."

"아!"

김영모의 입에서 새어 나온 것은 비명처럼 짧은 한숨이었다. 오직 '김영모' 이름 석자를 내 건 가게를 만들고자 12년 동안 단 하루도 손에서 밀가루를 털어내지 않았다. 가게를 열고도 밤낮없이 일했다. 조금이라도 신선한 빵을, 조금이라도 맛있는 빵을, 조금이라도 건강에 좋은 빵을, '김영모 과자점'을 찾는 사람들에게 주기 위해서였다. 그 과자점을 지키기 위해 망설임 없이 무릎을 꿇었고 떨어지지 않는 입을 열어, "제발, 부탁한다!"를 연발했건만 맘모스처럼 커다란 제과점의 공장장으로 있는 선배는 그에게 '김영모 과자점' 간판을 내리라고 하고 있는 것이다.

속에서 뜨거운 기운이 확 치밀어 올랐다. 김영모는 벌떡 일어났다. 숙이고 있던 고개를 다시 빳빳하게 들었다. 맘모스와 작은 생쥐의 대결로 비춰지겠지만, 한번 싸워 보기로 마음먹었다. 빈털터리 가출 소년이었던 모습이 떠오르면서 죽을 각오로 덤벼서 못 이룰 일이 무엇이겠는가 하는 생각이 들었다. 김영모는 어떻게 그 사무실에서 걸어 나왔는지 기억하지 못 했다. 얼마 지나지 않아 그들은 김영모 과자점 코 앞에다 번쩍이는 간판을 내어 달았고

눈이 휘둥그레질 정도로 인테리어에 신경을 쓴 매장을 열었다.

대형 제과점과의 일차전은 보기좋은 참패였다. 빵이 절반 정도밖에 팔리지 않았던 것이었다.

"여보, 오늘은 어때요?"

아내가 물을 때마다, 김영모는 아랫입술을 악물어야 했다. 시원스럽게 "끄떡없어!"라고 말할 수 없었기 때문이었다. 점점 손님 수가 줄었다. '그래, 새로운 빵집이 생겼으니, 한번쯤은 큰 빵집의 빵맛을 보고 싶은 게 사람들 마음이지.' 하며 이해해

보려고 해도 한편으로는 서운한 마음이 들었다. 며칠동안 계속 빵이 남아 있는 걸 보게 되자, 김영모는 밤잠을 이룰 수 없는 지경에 이르렀다.

'과연 내가 이길 수 있을까?' 하는 물음이 끊임없이 떠올랐지만, 그럴 때마다 고개를 절레절레 흔들며 그 물음을 떨쳐냈다. 그리고 평소보다 더 일찍 작업대 앞에 섰다. 빵이 덜 팔리더라도 아직은 찾는 손님들이 있다는 생각에서였다. 그들을 감동시키자. 그들에게만은 최대의 만족을 주자. 그런 생각으로 작업대 앞에서 보내는 시간이 늘어날수록 김영모는 코 앞에서 자신을 위협하는 거대한 맘모스를 잊을 수 있었다. 더 이상 커다란 맘모스가 자신을 공격하는 꿈을 꾸지 않았다. 하루 종일 고되게 노동을 한 뒤라, 잠도 다시 푹 자게 되었다. 그러던 어느 날, 오랫동안 발길을 끊었던 단골손님이 김영모 과자점에 들렀다. 그리고 항상 즐겨 찾던 빵을 바구니에 담아 계산대 위에 내려 놓으며 멋쩍게 웃었다.

"새로 생긴 큰 빵집 말이에요. 보기엔 화려한데, 맛은 별로더라구요."

그 말은 김영모에게 큰 용기를 주었다. 그 이후 바다로 떠난 연어가 돌아오듯 단골손님들은 하나 둘 김영모 과자점을 다시 찾기 시작했다.

"그 집 빵은 모양만 예쁘지, 영양가가 없어."

"그러게 말야. 김영모 과자점 빵은 먹고 나면 속이 편한데, 거기 빵은 먹고 나면 속이 더부룩해."

손님들은 이런저런 이유로 김영모 과자점을 다시 찾았다. 김영모는 그렇게 돌아온 손님들 한 분, 한 분을 붙잡고 절이라도 하고 싶었다.

김영모는 그때부터 반죽을 할 때나 오븐에 그 반죽을 집어넣을 때나 다 구워진 빵을 꺼낼 때나 작은 기도를 하기 시작했다.

"내가 만든 빵을 드시는 분이 부디 행복하고 건강하소서."

결국 김영모 과자점 앞에 문을 열었던 제과점은 크기는 네 배나 컸으면서도 빵은 김영모 과자점의 절반밖에 팔지 못했다.

그 때문에 빵집을 냈던 사람들끼리 티격태격한다는 소문도 돌았다.

"왜 빵이 안 팔리는 거야?"

"애초에 터가 좋질 않았어."

"문제는 사람들이 김영모 과자점 빵에 입맛이 길들여진 탓이야."

김영모는 그때 일로 노력만 한다면 어떤 이름의 큰 빵집과 싸워도 충분히 이길 수 있다는 자신감을 갖게 되었다. 하지만 상처 역시 컸다. 그동안 믿고 존경했던 사람에게 배신을 당했다는 생각에 한동안 사람을 만나는 일조차 꺼리게 되었다. 그리고 두 가지 결심을 했다. 다시는 이런 가슴 아픈 일을 당하거나 만들지 않겠다는 것이 그 첫 번째였고, 자신의 빵을 찾아준 손님들에게 맛과 정성으로 보답하겠다는 것이 그 두 번째였다.

빵을 배우러 세계로 떠나다

김영모는 기회가 닿는 대로 빵 선진국으로의 연수를 신청해 유럽 여러 나라를 방문했다. 하지만 1980년대에만 해도 한국이라는 나라는 아직 힘없고 이름 없는 나라였다. 때문에 그들은 어느 곳에서도 환영받지 못했다.

"우리는 한국에서 온 파티쉐입니다. 이 곳의 빵 만드는 기술을 배우기 위해 멀리서 찾아왔습니다."

김영모 일행이 이렇게 운을 떼고 인사를 했지만, 유럽 유명한 제과점의 파티쉐들은 그들을 흘끔거리며 쳐다볼 뿐이었다.

"한국? 그게 어디에 있는 나라야? 이봐, 자네는 한국이란 나라를 들어 봤나?"

"한국? 글쎄, 잘 모르겠네."

해외 여행이 자유롭지 않았던 때였다. 여행 준비도 오랫동안 해야 했던 시절이다. 그런 때에 각자 운영하는 빵 가게를 남의 손에 맡겨 놓고 며칠이나 되는 긴 여행을 떠난 것이다. 오직 빵을 제대로 만들어 보려는 일념 때문이었다. 그렇기에 김영모와 그 일행은 그 정도의 무시와 천대에 꿋꿋이 맞설 수 있었다. 오히려 이제껏 보지 못한 빵이며, 과자, 케이크와 맛있는 냄새가 그들의 열정을 뜨겁게 달구었다.

그들은 유럽의 유명한 빵 가게를 모두 찾아 나섰고, 통역사를 통해 이것 저것을 물어보았다. 때때로 유럽의 파티쉐들이 대꾸도 하지 않고 돌아보지 않을 때에도 김영모는 호기심이 가는 빵이며, 케이크, 초콜릿 따위를 사들였다. 숙소에 돌아온 일행들이 모두 지쳐 떨어진 시간에 김영모는 하루 종일 사 모은 빵이며, 케이크, 초콜릿 따위를 늘어 놓고 사진을 찍었다. 그리고 맛을 보았다. 김영모와 함께 방을 쓰는 동료는 밤새 그가 벌이는 일 때문에 잠을 이루지 못해 투덜거리기 일쑤였다. 하지만 그들은 모두 빵에 대한 열정을 가지고 있었기에 그쯤은 서로 이해할 수 있었다.

단번에 이루어진 일은 아니지만 김영모와 그 일행은 유럽의 파티쉐에게 하나라도 더 배워가려는, 열정으로 똘똘 뭉친 파티쉐라고 인정을 받게 되었다. 그렇게 유럽의 파티쉐들은 이름 모를 동양의 작은 나라에서 온 파티쉐들에게 마음을 열어갔다. 하지만 이들에게는 여전히 높은 장벽이 있었다. 그것은 바로 그들 자신이었다.

한번은 김영모와 그 일행이 스위스의 유명한 빵 가게를 찾았다. 그곳에서 바게트를 만드는 사람은 60세가 훨씬 넘은 파티쉐였는데, 이상하게도 그 가게의 바게트는 모두 양쪽 끝이 모두 까맣게 타 있었다.

"아니, 왜 바게트가 저렇게 탄 거야? 이 집이 정말 유명한 집 맞아? 이건 기본도 안 돼 있는 거잖아."

"그러게 말야. 도저히 이해할 수 없는 일인걸. 내가 한번 물어볼게."

일행 중 한 명이 나서서 짧은 영어로 질문을 했다.

"빵이 왜 이렇게 탔죠? 우리나라에서는 이렇게 태운 빵은 아무도 먹지 않아요. 탄 걸 먹으면 암에 걸리지 않습니까."

그러자 열심히 바게트를 썰고 있던 파티쉐는 갑자기 칼을 바닥에 집어던지며 소리를 질렀다.

"뭐? 까맣게 탄 빵을 먹으면 암에 걸린다고? 이봐, 지금 제정신으로 하는 소리야? 그럼 지금까지 내가 만든 바게트를 먹은 사람은 전부 암에 걸려 죽었겠군!"

사람들은 너무 놀라 아무 말도 못하고 그를 바라볼 수밖에 없었다.

"열심히 배우겠다고 찾아왔길래, 반갑게 맞았더니 기본도 모르는 초보

들이잖아! 잘 들어, 바게트는 겉이 탈 정도로 구워야 제 맛이 나고 소화도 잘 되는 법이야. 빵은, 특히 바게트는 껍질 맛으로 먹는 거야!"

그 소리를 듣고는 모두들 고개를 들 수 없었다. 우선 모양이 좋아야 손님이 많이 찾을 것이라는 생각을 하고 있었던 사실이 부끄러웠기 때문이다. 하지만 그때 야단맞은 것이 김영모에게는 오히려 큰 공부가 되었다.

다시 우리나라로 돌아온 김영모는 바게트뿐 아니라 몇몇 다른 빵들도 평소보다 조금 더 바짝 구웠다. 그랬더니 전보다 맛이 훨씬 깊고 고소해졌다. 그러나 손님들에게는 그런 빵들이 낯설게 보일 수밖에 없었다.

"어머, 이 빵 너무 탄 거 아녜요? 이렇게 탄 거는 건강에도 안 좋다고 하던데."

그럴 때마다 김영모는 빙그레 웃으며 손님에게 다가가 이렇게 얘기했다.

"아닙니다. 오히려 이 정도로 바짝 구워야 훨씬 더 맛도 나고 소화도 잘 된답니다. 한번 드셔 보세요."

한번은 프랑스 파리에서 아주 특별한 경험을 한 일이 있었다. 김영모는 일행과 함께 프랑스 파리의 유명한 빵 가게를 찾아가는 길이었다. 그때 아주 특별한 빵 냄새가 김영모의 코끝을 끌었다. 김영모는 무엇엔가 홀린 듯 독특한 빵 냄새가 나는 곳으로 향했다. 그곳엔 작고 허름한, 한눈에도 오래된 빵 가게가 있었다. 밝은 햇살이 창가로 밀려드는 곳에는 바게트와 빵들이 보기 좋게 진열되어 있었지만, 멋들어진 간판이나 장식물이 있는 빵 가게는 아니었다. 그러나 프랑스의 아주머니들은 유쾌하게 웃으며 그 빵 가게의 문을 열었고 가게 문이 열리자 그 톡특한 냄새가 확 끼쳤다. 김영모는 자신도 모르게 설렘을 느꼈다. 열어 놓은 문이 닫히기 전에, 김영모는 어느새 가게 안에 들어섰다. 아주머니들이 까르르 웃으며 빵을 고르고 빵 가게 주인으로 보이는 나이 든 파티쉐에게 농담을 걸었다. 주인장은 웃음소리와 함께 농담으로 맞받아쳤고, 그녀들은 더 크게 웃으며 빵을 사 가지고는 가게를 빠져 나갔다. 흘끔 김영모를 돌아보던 그녀들의 눈길에서는 빵 냄새처럼 따뜻한 온기가 느껴졌다. 그러나 썰물 때처럼 그녀들이 빠져나가자, 김영모는 덜렁 혼자 남게 되었다. 불어는 물론 영어도 더듬더듬이다 보니, 김영모는 빵 가게 주인에게 별 다른 말을 할 수가 없었다.

"아임 프롬 코리안. 아임 파티쉐."

주인장이 돌아보았을 때, 이렇게 말하고는 뭔가를 더 말하려고 했지만, 주인장은 그다지 그에게 관심을 두지 않았다. 그냥 흘낏 돌아보는 눈치는 그랬다. '빵을 사지 않을 거면, 돌아가든가.' 빵들은 모두 갓 구운 듯했다. 작은 빵 가게를 혼자 꾸려서인지 종류가 많지는 않았다. 김영모는 주인장에게 자신을 유혹한 독특한 빵 냄새에 대해 물어보고 싶었다. 하지만 언어의 벽이 가로 놓여 있었기에 그는 다음 번을 기약하고 그 특별한 빵 가게를 나

와야만 했다.

　문제는 김영모였다. 그 가게를 나서긴 했지만, 독특한 그 빵 냄새만은 잊을 수가 없었다. 오랜 세월의 특별한 비법이 숨어 있다는 생각이 들었다. 어디서도 맡아보지 못한 그 냄새에, 김영모는 1년 후를 기약했다. 그리고 정말 꼭 1년 만에 다시 그 빵 가게를 찾았다. 이번에는 통역해 줄 사람과 함께였다. 빵 가게는 1년이란 시간이 지난 뒤에도 그대로 그 자리를 지키고 있었다. 김영모가 빵 가게 문을 열고 들어섰을 때에도 시간을 거스른 듯, 여전한 빵 냄새가 편안하게 그를 반겨 주었다.

　"한국에서 온 김영모입니다. 작년에도 이 빵 가게를 찾아왔었는데, 혹시 기억하시나요? 꼭 1년 만에 다시 왔습니다. 이 가게에서 만든 빵에서 나는 아주 독특한 빵 냄새의 비결을 알려고 다시 찾아온 것입니다."

　지난해 한마디도 하지 못했던 갚음을 하려는 듯, 김영모는 줄줄줄 하고 싶은 이야기를 쏟아냈다. 빵 가게 주인은 잠시 놀란 눈으로 그와 통역하는 사람을 바라보았다.

　프랑스 파리의 한 골목에 자리를 잡고 수십 년 빵을 구워온 그였지만, 김영모는 그 긴 세월에 유일하게 등장한 동양인이었고, 1년 후에 다시 찾아온 별난 사람이었다. 하지만 빵 가게 주인은 단호하게 고개를 저었다.

　"하루아침에 배울 일이 아니오. 그냥 가시오."

김영모는 더욱 간절하게 말했다.

"맞습니다. 어떻게 하루아침에 수십 년 동안 일궈 온 것을 배우겠습니까. 더구나 빵의 역사는 이곳 유럽에서 시작되어 수백 년, 수천 년 세월을 지나왔으니, 단순한 기술이 아니지요. 그러니 저도 단번에 배울 마음은 없습니다. 동양에서 밥만 먹던 제가 어떻게 단번에 무얼 배울 수 있겠습니까? 하지만 그럼에도 1년을 기다려 다시 찾아온 것은 이 특별한 냄새에 특별한 비법이 있을 거라는 생각에서입니다. 동양의 어떤 나라에서 빵을 굽는 사람이, 오직 그 빵 냄새를 1년이나 잊지 못해 다시 왔을 뿐입니다."

이런 간절한 호소에도, 주인장은 고개를 단호하게 저었다. 김영모는 그 해에도 결국 특별한 대답을 듣지 못하고 돌아서야 했다. 그러나 김영모는 다음 해에도 어김없이 그를 찾아갔다. 통역자와 함께 나타난 그에게 빵 가게 주인은 마침내 두 손을 들고 말았다.

"알았네, 알았어!"

삼고초려가 먹힌 것이다. 하지만 빵 가게 주인은, 그에게 효모를 발효 중인 그릇을 내밀었을 뿐이다.

"내 빵의 비밀은 자연일세."

김영모는 3년에 걸쳐 자신이 얻은 답에 놀라지 않을 수 없었다. '자연!' 그랬다. 빵 가게 주인의 비밀은 자연에 맡긴다는 것이었다. 처음 빵을 만들던 몇천 년 전 조상들이 자연에서 효모의 비밀을 발견한 것처럼 그는 가장 자연적인 방법으로 효모를 만들어 반죽을 발효시키고, 잘 발효된 반죽으로 빵을 구웠던 것이다. 시간이 오래 걸리고 더디더라도 자연 발효된 반죽으로 빵을 만들기에, 자연의 향기가 났던 것이다.

김영모는 무릎을 쳤다. 모두들 빨리, 더 많은 빵을 만들기 위해 자연을 거스르곤 한다. 좀더 빵을 빨리 만들도록 도와주는 제품들을 개발하는 때에, 자연에 맡기다니! 김영모는 3년의 노력이 헛되지 않았다고 생각했다.

이렇게 일년에 한두 번의 여행은, 빵에 대한 새로운 생각과 기술을 배워 오는 적잖은 기쁨이었다. 하지만 외국에서 배운 기술이나 비법을 우리 실정에 맞게 만드는 데에는 적잖은 노력이 필요했다. 같은 조리법을 갖고 만든다고 하더라도 밀가루, 버터, 소금, 계란 등과 재료가 하나부터 열까지 모두 달랐기 때문이다. 때문에 김영모는 원래의 조리법을 바탕으로 우리나라에서 생산되는 재료로 만들어낼 수 있는 최상의 조리법을 찾기 위해 노력했다. 그리고 그렇게 해서 만들어낸 새로운 제품은 정식 출시 전 오랜 단골들인 '김사모'를 통한 평가를 받았다. 이런 과정을 무사히 통과한 제품이어야지만 '김영모의 빵'이라는 이름을 얻을 수 있었다.

김영모는 지금도 해외에 공부하러 갈 기회가 있다면 하던 일을 모두 제쳐 두고 떠난다. 어떤 사람들은 "아직도 배울 게 남았어?"라고 묻지만, 그럴 때마다 그는 고개를 끄덕였다.

"물론. 지금 이 순간에도 어느 곳에선가 훌륭한 파티쉐가 새롭고 훌륭한 빵을 만들어내고 있는 걸. 뒤처지지 않으려면 죽는 그 순간까지 공부하고 배워야지."

세상에서 가장 특별한 빵

올해도 어김없이 크리스마스가 찾아왔다. 아이들은 산타 클로스 할아버지에게 어떤 선물을 받을지 궁금해 하며 즐거운 하루를 보내는 크리스마스이지만 이 날은 빵을 만드는 사람들에게는 가장 바쁜 날이다. 크리스마스 케이크를 찾는 손님들이 많아지기 때문이다. 모든 빵집은 크리스마스 이브 전날, 그러니까 12월 23일부터 수많은 케이크를 만든다. 그런데 김영모는 독일에서 공부를 하느라 12월 23일에야, 한국에 돌아올 수 있었다. 김영모는 공항에 도착하자마자 조금이라도 일을 돕기 위해 집에도 들르지 않고 케이크를 만드는 공장으로 향했다.

"아, 사장님 이제 오시네요. 독일에서는 잘 지내셨어요?"

"자네들이 열심히 일할 거라 믿고 난 공부에만 집중할 수 있었어. 내가 없는 동안 고생 많았지?"

김영모가 공장에 불쑥 나타나자 사람들은 놀라움과 반가움에 급히 다가가 안부를 묻고 인사를 했다. 하지만 그의 관심은 오직 크리스마스 때 내놓을 케이크에 쏠려 있었다.

"내일 매장에 내놓을 케이크는 어디 있지? 하나도 보이질 않는데."

"여긴 좁아서 모두 지하실에 옮겨 놨어요. 케이크가 한두 개여야지요."

그 말을 들은 김영모는 잠시 동안 아무 말도 못하고 토끼처럼 놀란 눈을 하고 있었다. 그리고 갑자기 지하실로 뛰어 내려가 수북이 쌓여 있는 케이크 상자 중 하나를 골라 포장을 풀고 케이크를 꺼내서 반으로 갈라 맛을 보았다. 미친 듯이 다른 케이크 상자도 풀어젖히더니 또 다른 케이크를 꺼내어 맛을 보았다. 꼭 정신이 나간 사람처럼 케이크를 꺼내고 맛보기를 반복했다.

"안 돼. 이 케이크들은 팔 수 없어!"

모두들 깜짝 놀랐다.

"아니 왜 그러세요? 모두 잘 만들어진 것들뿐인데."

"틀렸어. 맛을 봐. 아주 조금이긴 하지만 이 지하실의 좋지 않은 냄새들이 섞여 있어. 일 년에 한 번뿐인 크리스마스에 쓸 케이크를 사려는 손님들에게 이런 망가진 케이크를 팔 수는 없어!"

케이크는 김영모의 말처럼 아주 희미하지만 맛이 변해 있었다. 문제는 케이크의 겉에 바르는 버터크림이었다. 버터크림은 다른 냄새를 흡수하는 성질이 강해서 냉장고에 넣어 두면 김치나 다른 반찬의 냄새가 배는 일이 흔하다. 직원들은 그런 사실을 깜빡 잊고 있었던 것이다. 김영모는 공장에 있던 모든 사람들을 불러 모았다.

"여러분이 며칠 동안 힘들게 고생한 것을 알고 있습니다. 하지만 지하실에 보관해 놓은 저 케이크들은 이제 팔 수 없습니다. 모두 박스를 풀고 케이크를 버리세요!"

직원들은 어쩔 줄을 몰라 했다.

"내일이 당장 크리스마스 이브인데 그럼 뭘 갖고 장사를 합니까?"

"장사를 못 해도 상관없어. 모두 갖다 버려!"

불 같이 화를 내는 김영모의 모습에 더 이상 누구도 말을 하지 않고 케이크를 버렸다. 누군가는 한숨을 푹푹 내쉬었고 누군가는 훌쩍거리며 울기도 했다. 그렇게 버려진 케이크가 400개 였다.

"쟈, 지금부터 케이크를 다시 만들겠습니다. 사정이 있어서 퇴근해야 할

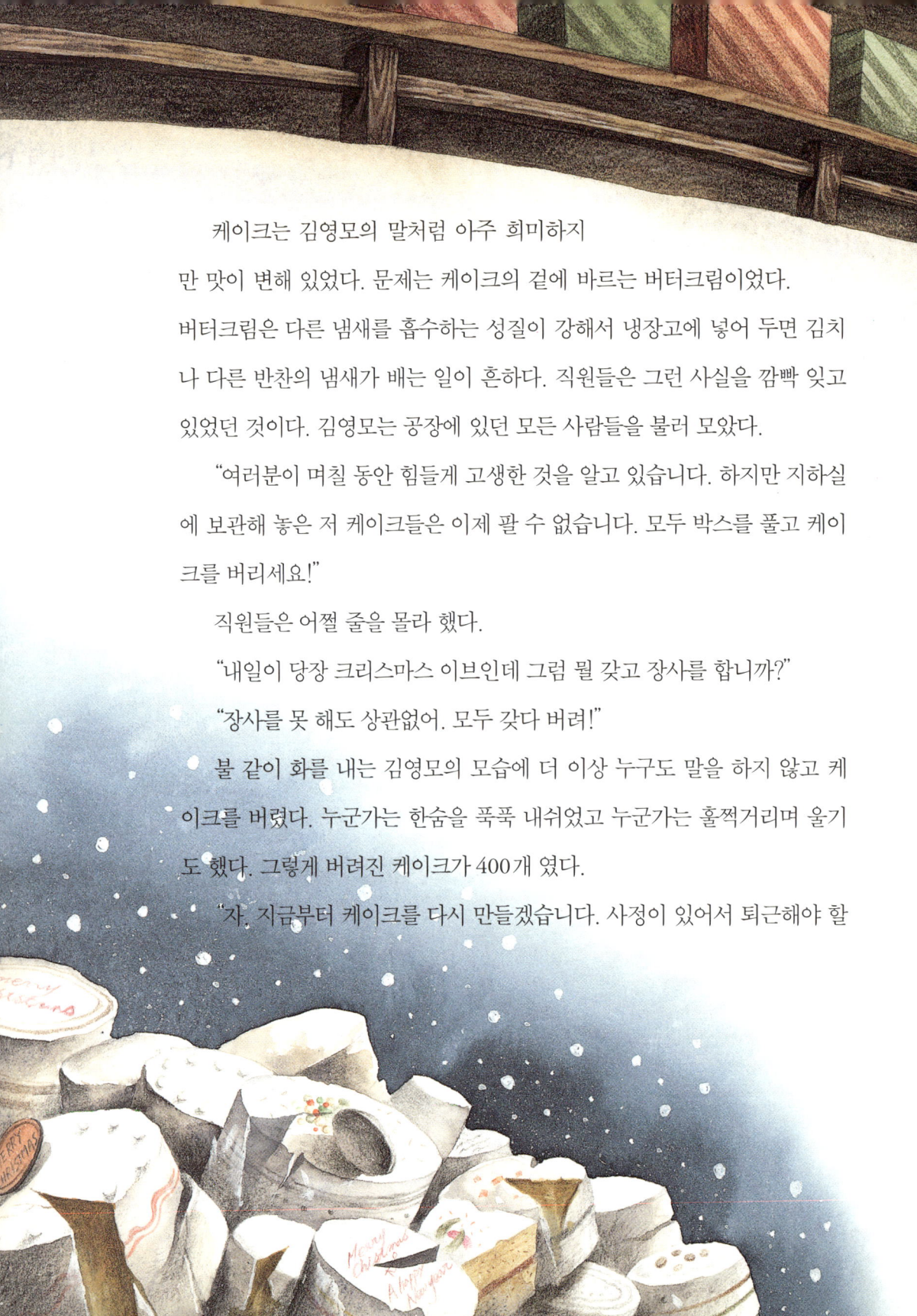

"사람은 가도 괜찮아요. 하지만 내일 손님들에게 최고의 케이크를 보여드리고 싶다면 오늘 밤을 새워서라도 다시 케이크를 만듭시다!"

김영모는 얼른 옷을 갈아입고 반죽 테이블 앞에 서서 재료를 섞어 반죽을 했다. 그러자 모두들 누구의 지시나 명령 없이도 각자가 맡은 일을 하기 시작했다. 그렇게 얼마가 지났는지 모르게 일을 하다 김영모는 문득 고개를 들었다. 아무 소리가 들리지 않아 이상했기 때문이다. 그러나 이내 흐뭇한 미소를 지었다. 단 한 사람도 불평을 하거나 집에 돌아가지 않고 모두들 숨소리 하나 내지 않고 케이크 만들기에 열중하고 있었던 것이었다.

마침내 새로운 날이 왔음을 알리는 해가 떴을 때, 김영모와 직원들은 새로운 400개의 케이크를 완성했다. 밤새도록 케이크만 만들었던 직원들은 그제서야 삼삼오오 모여 차를 마시거나 전날 밤의 일을 이야기하며 웃었다.

물론 대부분의 손님들은 케이크에 이상한 냄새가 밴 것을 눈치채지 못했을 것이다. 하지만 김영모는 좋지 않은 냄새가 밴 케이크를 아무렇지도 않은 척하며 손님에게 팔았다가 단 한 명의 손님이라도 케이크가 이상하다는 것을 알게 된다면 자신의 이름을 적어놓은 간판을 걸고 빵을 구울 자격이 없다고 생각했다.

누군가의 특별한 날을 위해, 밤을 새우며 빵을 굽는 김영모에게는 너무나 당연한 결정이 아닐 수 없었다. 하지만 아내는 김영모가 빵을 버리는 것을 보고 이렇게 말했다.

"여보, 그 빵을 버리지 말고 배고픈 사람들에게 나눠 주는 것이 어때요?"

"아무리 배고픈 사람에게라도 흠이 있는 빵을 줄 순 없소!"

김영모는 아내의 청을 이렇게 단칼에 거절했다. 봉사도 완전한 것으로 해야 한다고 생각했기 때문이었다.

이 세상에서 가장 맛있는 빵은 이제 막 오븐에서 구워져 나온 빵이다. 두꺼운 장갑을 끼고 아직도 후끈거리는 열기가 가득한 오븐에서 노릇노릇하게 구워진 빵을 꺼낼 때면 무엇과도 비교할 수 없을 정도로 고소한 향이 밀려온다. 그 황홀하도록 고소한 냄새는 아주 잠시 동안 머릿속을 하얗게 비워버릴 만큼 아름답다. 그래서 김영모는 이런 훌륭한 향기를 매일 맡을 수 있기 때문에 자신이 이 세상 누구보다 행복한 사람이라는 생각을 종종하곤 했다. 그만큼 갓 구운 빵이 주는 향과 맛은 어떤 음식도 따라올 수 없을 정도로 매력적이기 때문이다.

김영모 과자점에서는 하루에도 몇 번씩이나 갓 구운 빵 냄새가 매장을 가득 채우는데, 이는 손님들이 조금이라도 더 신선하고 맛있는 빵을 맛볼 수 있게 하기 위해서이다. 아무리 좋은 재료를 쓰고 아무리 보존 기술이 좋다고 한들 구운지 오래된 빵은 그 맛을 잃기 마련이라는 게 김영모의 생각이었다.

그런데 항상 따뜻하게 준비되어 있어야 하는 것이 비단 빵뿐만은 아니라는 것을, 김영모는 어느 고아원에서 깨닫게 되었다. 400개의 케이크를 버리는 대신 배고픈 사람들에게 나누어주자는 아내의 말도 이해하게 되었다.

바람이 차가워지는 연말이면 이런저런 행사도 많아지고 여러 단체의 모임도 많아지는데, 그런 행사나 모임 중에는 대부분 고아원이나 양로원을 방문하는 일정이 포함되어 있기 마련이다. 김영모가 속해 있던 제빵사 모임에서도 연말을 맞아 한 고아원을 찾아 빵을 전달하기로 했다.

아이들이 좋아할 만한 달콤한 빵들을 정성스럽게 만들어 포장을 한 후 고아원을 찾았다. 아이들은 김영모를 비롯한 파티쉐들의 손에 들린 빵 봉투를 보고 환호성을 지르며 뛰어나왔다.

"아저씨, 크림빵 많이 가져오셨어요? 전 크림빵이라면 열 개도 먹을 수 있어요!"

"도넛은 전부 내 거야. 아무도 손대지 마!"

"그걸 왜 전부 너 혼자만 먹어? 이건 우리 모두 나눠 먹을 빵들이란 말이야."

이런 다툼 아닌 다툼을 보며 김영모를 비롯한 여러 파티쉐들은 서로를 마주보며 슬며시 미소를 지었다.

"너희들 배가 전부 빵빵해질 정도로 빵은 많이 갖고 왔으니까 모두 사이좋게 나눠 먹어야 해, 알겠지?"라는 말에 아이들은 입을 모아 "예!"라고 합창을 하듯 대답하며 손에 손에 빵을 들고 어디론가 달려갔다.

"일 년에 한 번뿐이지만, 올 때마다 참 보람을 많이 느껴. 아이들이 이렇게 좋아하는 모습을 언제 또 보겠어."

"그러게 말야. 빵 만들면서 제일 재미있을 때가 바로 오늘 같은 날이라니까. 이 녀석들 좋아할 모습을 생각하면 반죽을 하다가도 웃음이 나지."

파티쉐들은 아이들이 빵을 먹으며 즐거워하는 모습을 보며 이런저런 대화를 주고받았다. 그런데 김영모가 문득 창밖으로 눈을 돌렸을 때, 차가운 바람을 맞으며 혼자 나무 밑 의자에 앉아 있는 여자 아이의 모습이 보였다. '빵을 싫어하는 아이일까? 왜 다른 친구들과 같이 빵을 먹지 않는 거지?' 라는 생각을 하며 김영모는 그 아이에게 다가갔다.

아이는 김영모가 바로 옆에 설 때까지 고개도 들지 않고 땅바닥만 바라보고 있었다.

"얘, 이렇게 추운데 왜 여기에 앉아 있니? 안에서는 신나게 빵 파티를 하고 있는데. 빵 먹기가 싫어?"

하지만 아이는 아무런 대답도 하지 않고 여전히 발끝만 바라볼 뿐이었다. 조금 답답해진 맘에 김영모는 아이의 얼굴을 바라볼 수 있도록 쪼그려 앉아 다시 물었다.

"어떤 빵을 좋아하니? 아저씨가 가져다 줄게. 얘기해 봐."

"아저씨."

그제야 아이는 김영모의 눈을 바라봤다. 아이의 얼굴은 금방이라도 울음을 터뜨릴 것 같았다.

"아저씨, 다음부터는 여기 오지 마세요."

"뭐라고? 오지 말라고?"

도무지 영문을 알 수 없는 말이었다. 다른 아이들은 모두 빵을 기다리고 있었는데 왜 이 아이만 오지 말라고 하는지 이해가 되지 않았다.

"왜 그런 말을 하니? 아저씨들이 싫어서 그러는 거니?"

"평소엔 우리 생각도 안 하다가 꼭 이럴 때만 와서 빵 주고 사진 찍고 가

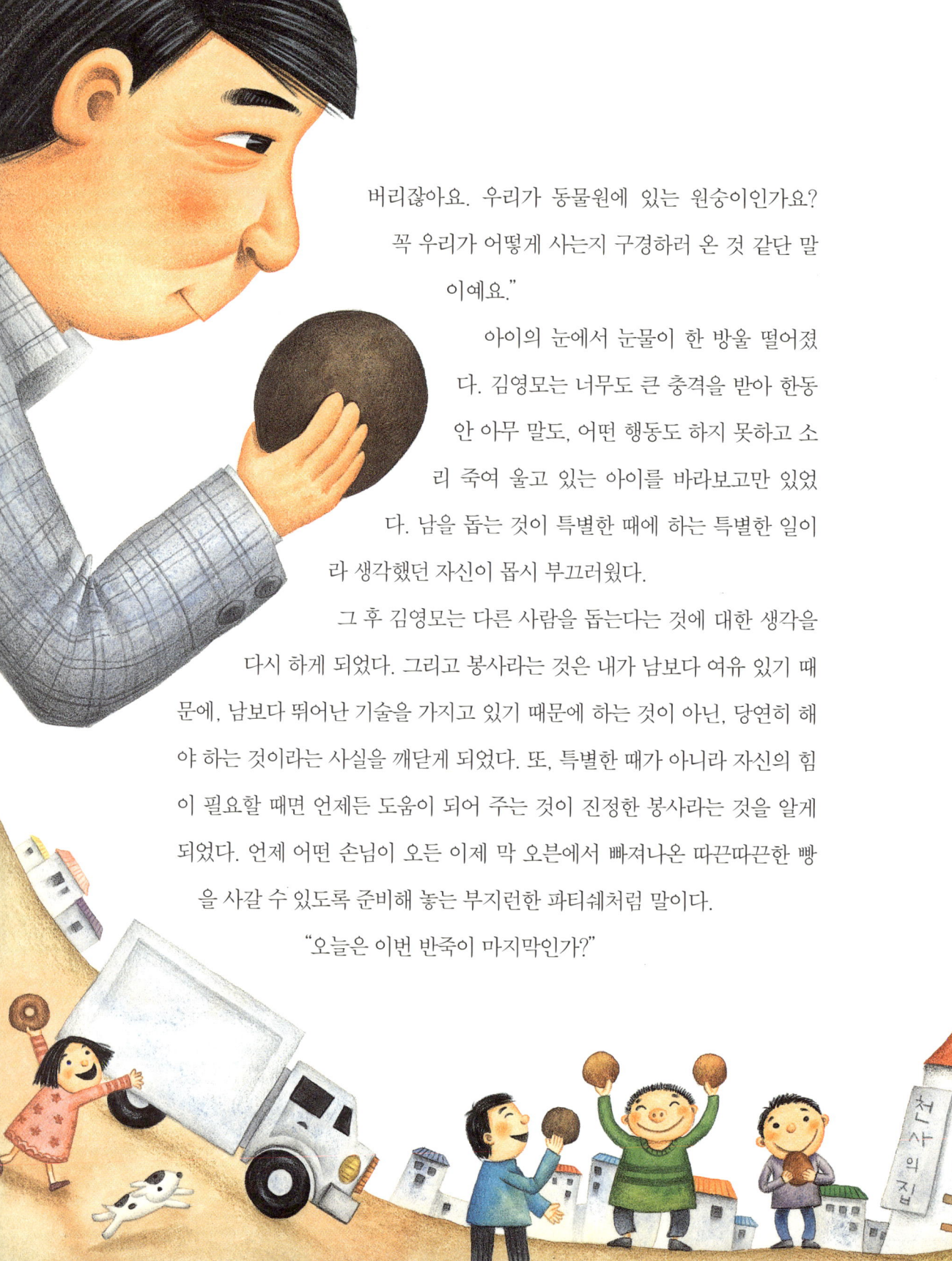

버리잖아요. 우리가 동물원에 있는 원숭이인가요? 꼭 우리가 어떻게 사는지 구경하러 온 것 같단 말이예요."

아이의 눈에서 눈물이 한 방울 떨어졌다. 김영모는 너무도 큰 충격을 받아 한동안 아무 말도, 어떤 행동도 하지 못하고 소리 죽여 울고 있는 아이를 바라보고만 있었다. 남을 돕는 것이 특별한 때에 하는 특별한 일이라 생각했던 자신이 몹시 부끄러웠다.

그 후 김영모는 다른 사람을 돕는다는 것에 대한 생각을 다시 하게 되었다. 그리고 봉사라는 것은 내가 남보다 여유 있기 때문에, 남보다 뛰어난 기술을 가지고 있기 때문에 하는 것이 아닌, 당연히 해야 하는 것이라는 사실을 깨닫게 되었다. 또, 특별한 때가 아니라 자신의 힘이 필요할 때면 언제든 도움이 되어 주는 것이 진정한 봉사라는 것을 알게 되었다. 언제 어떤 손님이 오든 이제 막 오븐에서 빠져나온 따끈따끈한 빵을 사갈 수 있도록 준비해 놓는 부지런한 파티쉐처럼 말이다.

"오늘은 이번 반죽이 마지막인가?"

"예, 사장님. 이번 반죽만 하면 이제 주방 정리를 하려고요."
"음. 그렇다면 반죽을 평소보다 좀 많이 하도록 해."
"반죽을 더요? 영업시간도 별로 남지 않았는걸요."
"다 쓸 데가 있어서 그래. 걱정 말고 시키는 대로 하게나. 아참, 평소보다 더 정성을 들여야 한다는 것도 잊지 마!"

김영모는 평소보다 빵을 더 많이 만들었다. 그리고 의도적으로 남긴 빵을 다시 곱게 포장해 형편이 어렵거나 몸이 불편한 사람들을 일일이 찾아다니며 나눠주었다.

자신이 만든 빵을 먹는 동안에는 그들이 처해 있는 힘들고 고단한 상황을 잠시나마 잊기를 바란다는 마음, 그 마음은 지금 이 순간까지 변함없이 이어지고 있다. 빵은 이 세상 어느 것보다 사람의 마음을 따뜻하고 행복하게 만드는 신기한 힘을 갖고 있다고 믿기 때문이다.

3장

파티쉐의 하루

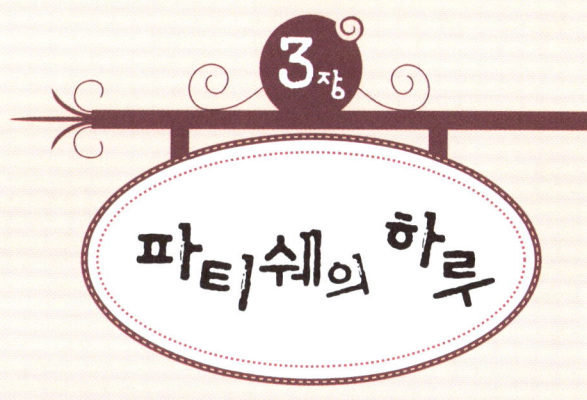

파티쉐의 하루가 어떻게 지나가는지 궁금하다고요?
파티쉐 선생님과 하루 동안 함께 생활해 보면서 그 궁금증을 풀어보세요.

김영모 선생님의 이야기를 모두 읽은 친구들이라면 아마 파티쉐의 하루가 어떻게 지나가는지 궁금하겠죠? 그런 친구들을 위해 하루 동안 파티쉐 선생님과 함께 생활해 보는 기회를 갖도록 하겠습니다. 파티쉐의 하루는 여러분이 생각하는 것보다 훨씬 바쁠 거예요. 그러니 잠시도 한눈팔지 말고 파티쉐 선생님이 어떤 일을 하시는지 잘 살펴보도록 해요. 약속할 수 있죠?

자, 그럼 출발할까요?

새벽 4시. 가장 먼저 일어나는 새

아직 해가 뜨지 않아 주위는 여전히 컴컴하네요. 이런 곳에서 어떻게 빵집을 찾을 수 있느냐고요? 걱정 마세요. 오히려 지금 이 순간이 빵 만드는 곳을 찾기에 더없이 좋은 때랍니다. 눈을 감고 숨을 깊게 들이마셔 보세요.

어디선가 희미하게 고소한 냄새가 나는 것 같지 않나요? 그렇다면 그 고소한 냄새가 나는 쪽으로 고개를 돌려 보세요. 아, 바로 저 앞에 작은 불빛이 보이네요. 함께 가 봐요.

대부분의 사람들은 한창 꿈나라에서 이런저런 즐거운 경험을 하고 있을 이 시각에 왜 빵을 만드는 곳만은 불이 켜져 있는지 궁금하지 않나요? 맞아요. 빵은 항상 아침에 구워야 한답니다. 그래야 등교 전이나 출근 전에 사람들이 갓 구운 따끈따끈한 빵을 먹을 수 있으니 말이지요. 빵을 아침에 구우려면 새벽부터 빵을 만드는 준비를 해야 한답니다. 그렇다면 어떤 준비가 필요한지 함께 알아볼까요? 저기 서 계시는 분이 아마 이 빵 공장에서 가장 높은 분 같으니 함께 가서 여쭤 보도록 해요.

"우선 가장 먼저 해야 할 것은 바로 밀가루 반죽을 하는 일이랍니다. 요즘은 좋은 기계가 많아졌기 때문에 큰 힘을 들이지 않고도 한꺼번에 많은 밀가루를 반죽할 수 있지만, 계절에 따라, 날씨에 따라 반죽이 발효되는 정도가 다르다 보니 많은 신경을 써야 한다는 사실은 예나 지금이나 변함이 없지요."

"그렇다면 잘 반죽이 된 밀가루를 발효시키면 모든 준비는 끝나는 것인가요?"

"그렇다면 아마 파티쉐의 일이 훨씬 쉬워졌을 거예요. 하지만 빵은 밀가루 하나만 갖고 만드는 음식이 아니랍니다. 어떤 빵을 만드느냐에 따라 수

없이 많은 재료들이 필요하거든요. 그 재료들이 항상 신선해야 더 맛있는 빵을 만들 수 있겠죠? 특히 빵과 케이크, 과자를 만드는 데에 있어서 반드시 필요한 계란과 같은 재료들은 필요한 양을 그때그때 받아 사용해야 한답니다. 이른 새벽부터 여러 재료상들이 빵집으로 향하는 이유 역시 조금이라도 신선한 재료를 가져다 주기 위해서지요. 아, 마침 야채를 실은 트럭이 도착했네요. 함께 나가볼까요?"

아마 샌드위치 등에 넣을 야채를 가지고 온 것 같아요. 새벽이슬을 머금은 것처럼 전부 싱싱해 보이네요. 그런데 파티쉐 선생님께서는 일일이 하나씩 신중하게 살펴보고 계세요. 매일 배달 오는 재료상의 채소라면 믿고 사용하실 수도 있을 것 같은데…….

"물론 믿음도 중요하지요. 하지만 사람은 누구나 실수를 할 수 있는 법이랍니다. 누군가의 잘못으로 상한 야채가 섞여 있을 수도 있는 일이거든요. 제가 이렇게 꼼꼼히 살펴보는 것도 그 실수를 최소화하려는 것이랍니다."

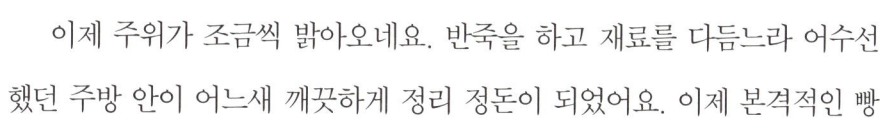 새벽 6시. 꿈을 굽는 빵집

이제 주위가 조금씩 밝아오네요. 반죽을 하고 재료를 다듬느라 어수선했던 주방 안이 어느새 깨끗하게 정리 정돈이 되었어요. 이제 본격적인 빵 만들기에 들어가려는 모양입니다.

"밀가루에 효모를 넣고 반죽한 지 두 시간 정도 지나면 발효가 알맞게

진행되거든요. 발효가 덜 되면 빵이 푸석푸석하고 너무 오래 되면 질기기 때문에 발효 시간을 잘 맞추는 것이 빵을 만드는 데에 있어서는 무엇보다 중요하지요. 오늘 만든 반죽은 발효가 아주 잘 됐군요. 반죽을 조금 떼어냈을 때 이렇게 거미줄처럼 보이는 얇은 막이 생기면 적당히 발효가 되었다고 판단된답니다."

자, 그렇다면 이렇게 알맞게 된 반죽을 이용해 오늘은 어떤 빵을 만드실지 벌써부터 궁금해지네요. 여러분도 마찬가지겠죠?

"앗, 파티쉐 선생님 너무 빨리 가지 말고 같이 가세요. 선생님!"

이제 파티쉐 선생님이 흰 모자를 쓰면서 준비를 하고 계시네요. 우와, 저 앞치마는 밀가루보다 더 하얗게 보이는 걸요. 그리고 그 앞치마보다 더 깨끗하게 손을 씻으시네요. 자, 그럼 지금부터 빵 만들기 시~작!

이제 여러가지 모양의 빵이 완성됐어요. 정말 맛있어 보이네요.

어, 그런데 왜 선생님께서 갑자기 저렇게 눈을 감고 계시는 걸까요? 왜 그러시는지는 몰라도 중요한 생각을 하시는 모양이에요. 친구들도 방해되지 않게 모두 쉿!

"자, 그럼 딸기 생크림 케이크도 만들어 볼까요? 이렇게 새벽부터 견학 오느라 피곤할 테니 새콤하고 달콤한 맛이 일품인 딸기 생크림 케이크를 먹으면 힘이 솟을 거예요."

드디어 파티쉐 선생님께서 직접 만드신 케이크를 먹어볼 수 있겠군요!

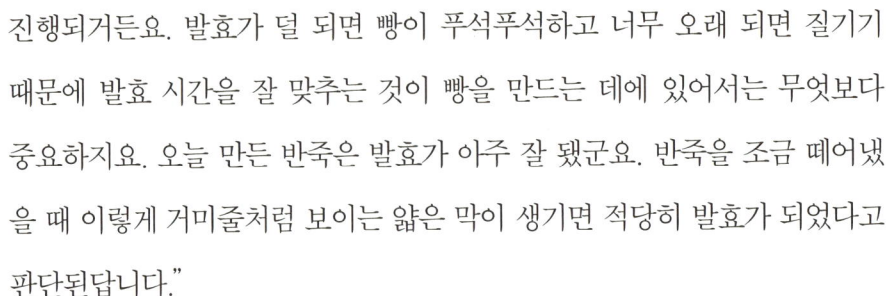

앗, 감탄할 사이도 없이 벌써 선생님께서 달걀, 우유, 설탕을 넣고 저어서 거품을 내고 계세요. 그 다음엔 밀가루를 넣고 섞어 반죽을 만드네요. 이렇게 만든 반죽을 케이크 모양을 낼 수 있는 원형틀에 붓고 170℃로 맞춰진 오븐에 넣은 후 30분 동안 구우면 노릇노릇한 빵 완성!

빵이 구워지는 동안에도 선생님은 쉴 틈이 없어요. 잘 익은 딸기와 허브를 고르는 저 손놀림이 예사롭지 않은 걸요. 꼼꼼히 고른 딸기는 반으로 자르고 허브는 잎사귀를 깨끗하게 씻어서 한켠에 두시네요.

드디어 빵이 다 구워졌어요. 보기만 해도 침이 꼴깍 넘어갈 정도로 맛있어 보이는 빵을 반으로 갈라 한쪽에는 달콤한 잼을 바르고 그 위에 사르르 녹아 버릴 것 같은 생크림을 바릅니다. 그리고 다른 한쪽의 빵을 그 위에 올려놓으시네요. 이제 겉에다 생크림을 바르시는데…… 우와, 순식간에 빵이 케이크로 변했어요. 그런데 한 가지 궁금한 게 있어요. 케이크를 만들기 전에 선생님은 무슨 생각을 하느라 한참 동안 눈을 감고 계셨던 걸까요?

"파티쉐가 된 이후 단 하루도 빠트리지 않고 해 온 기도랍니다. 내가 만든 빵을 드시는 모든 분이 건강하고 더 행복해지시길 바란다는 기도지요. 파티쉐는 빵으로 다른 사람들을 행복하게 해 주는 사람이니까요."

오전 11시. 빵, 시험대에 오르다

지금 또 파티쉐 선생님이 어디론가 급히 걸어가기 시작하셨어요. 어휴,

어디로 가시기에 저렇게 빨리 걸으시는 거지…… 아쉽지만, 완성된 케이크는 조금 있다가 맛보기로 해요.

아, 여기는 손님들을 맞는 매장이네요. 벌써 많은 손님들이 어떤 빵을 고를까 고민하고 있군요. 아마 우리 친구들도 저렇게 맛있는 빵이 수북이 쌓여 있는 곳에 가면 자연스레 심각한 고민에 빠지게 될 거예요. 아니, 그런데 선생님이 빵을 공짜로 나눠주기 시작하셨어요. 하나라도 더 팔아야 할 텐데 갑자기 왜 저렇게 공짜로 빵을 나눠주시는 걸까요? 그런데 손님들도 이상하네요. 빵을 금세 먹는 게 아니라 한참이나 맛을 보고 있어요. 저 같으면 주는 대로 와구와구 먹을 텐데, 왜 저렇게 천천히 먹는 걸까요?

"이건 일종의 시험이랍니다. 아무리 오랫동안 많은 빵을 만들었다고 해도 모든 사람이 제가 만든 모든 빵을 좋아하는 건 아니거든요. 어떤 사람이든 다른 사람과 똑같은 입맛을 가질 수는 없답니다. 어떤 사람은 너무 달다고 생각하는 빵이 어떤 사람에게는 딱 좋다고 느껴질 수도 있는 법이지요."

아, 이제 빵을 맛 본 손님들이 이런 저런 이야기를 하기 시작하네요.

"빵이 조금 딱딱한 느낌이에요."

"생크림이 너무 많이 들어가서 느끼한 걸요."

"이 노릇노릇한 향은 빵을 씹는 내내 가시질 않아서 참 좋네요."

파티쉐 선생님은 손님들의 이야기를 하나도 빠짐없이 적고 있어요. 다음에 빵을 만들 때 참고하기 위해서라는군요.

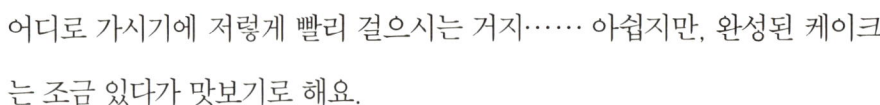

오후 2시. 개선은 바로바로

파티쉐 선생님이 오후 반죽을 시작하기 전에 메모지를 자세히 들여다보고 계시네요. 오전에 들었던 손님들의 날카롭지만 따뜻한 충고를 참고하기 위해서라는군요.

"손님들의 입맛은 정직하거든요. 더군다나 오랫동안 제가 만들어 온 빵을 드셨던 분들은 어떤 점이 잘못됐는지 금세 알아차리기 때문에 더욱 신경을 써야 합니다. 손님은 언제나 옳거든요."

아하, 손님의 입맛은 거짓말하지 않는다는 말, 반드시 명심해야겠네요. 하지만 그렇게 작은 부분까지 모두 신경 쓰려면 몹시 힘들겠어요.

"물론 쉽지 않은 일이지요. 공통적으로 느끼는 부분이 있는 반면 손님의 취향이 모두 다른 경우도 굉장히 많거든요. 하지만 이렇게 전부 다른 요구를 모두 만족시켜야 하는 게 파티쉐의 임무랍니다. 또한 즐거움이기도 하고요."

오후 5시. 잊지 말아야 할 두 가지

아침과 점심 시간에 다 팔린 빵을 다시 구워내다 보니 어느새 벌써 오후 5시가 됐어요. 정말 순식간에 하루가 지나가네요. 친구들이 집에만 있을 때보다 훨씬 빠르게 시간이 가는 것 같지 않나요? 그만큼 파티쉐 선생님의 하루는 이런저런 일 때문에 바쁘답니다.

아직 사람들이 잠들어 있을 시각에 일어나 반죽을 시작하고 그날 사용

할 재료들을 하나씩 점검하고 직접 케이크를 만들고, 새로 나온 빵에 대한 손님들의 반응을 일일이 살피고, 그것을 정리해 또 새로운 도전을 하고…… 생각만 해도 눈이 빙빙 돌 정도로 바쁜 하루였네요.

아니, 그런데 선생님은 또 어딜 가려고 하시는 거죠? 아이고 다리야. 더 이상 걷기가 힘들 것 같은데…… 앗! 드디어 파티쉐 선생님이 의자에 앉으시는군요. 이제 우리도 잠깐 쉬기로 해요. 어라, 그런데 커다란 책을 하나 꺼내시는 걸 보니, 쉬기 위해 자리에 앉으신 게 아닌 모양이에요.

"빵은 아주 오랜 역사를 갖고 있는 음식이기 때문에 몇백 년 전부터 만들어져 온 빵들이 꽤 많답니다. 파티쉐에게는 그 빵들을 더 맛있게 개량해야 할 의무가 있어요. 예전부터 내려오던 방법만 갖고 있는 파티쉐는 시시각각 변하는 사람들의 입맛에 맞는 빵을 만들지 못해 결국 뒤처지기 마련이거든요. 다른 사람들이 만들 수 없는 나만의 빵을 만들겠다는 꿈 역시 포기해서는 안 된답니다. 그 꿈을 이루기 위해서는 항상 공부를 해야만 하고요. 어떤 직업이든 마찬가지겠지만 자신이 하고 있는 일에 대해 스스로 떳떳하기 위해서는 항상 배우고 익히려는 습관을 몸에 익히는 게 중요해요."

헉헉! 선생님을 하루만 더 따라다니면 몸살에 걸릴 게 틀림없어요. 세상에 저렇게 힘든 일을 하시면서도 또 공부를 하실 힘이 남아 있다니, 정말 놀랍네요.

휴우, 이제야 선생님께서 다시 매장으로 돌아오셨네요. 그런데 자리에

앉자마자 무언가를 쓰고 계세요.

"이건 오늘 하루 있었던 일, 내일 해야 할 일 등을 기록하는 작업입니다. 그런데 이렇게 메모를 할 때는 몇 가지 규칙이 있어요. 우선 내일 해야 할 일을 적고, 그 다음으로는 아주 중요한 일과 조금 덜 중요한 일, 중요하지 않은 일을 차례로 쓰면서 구분하는 것이지요."

"그런 것들을 모두 기록하시려면 귀찮지 않으세요?"

"하하하. 물론 처음엔 귀찮다고 생각한 적도 있지요. 하지만 조금 더 계획적이고 현명한 하루하루를 보내려면 메모만큼 중요한 것이 없어요. 바쁘게 돌아가는 일들 때문에 해야 할 일을 깜빡 잊는 경우도 있고, 나중에 해도 될 일인데도 먼저 해버리고 싶을 때도 있거든요. 그럴 때마다 실수로, 기분대로 움직이다 보면 하루를 온전히 보내지 못하게 된답니다. 그러니 메모는 그렇게 엉뚱하게 흐를 수 있는 시간을 올바로 잡아주는 중요한 나침반인 셈이지요."

그저 반죽과 오븐만 있으면 빵을 만들 수 있을 거라고 생각했던 친구가 있나요? 솔직히 말해서 저는 지금까지 그렇게 생각해왔답니다. 하지만 오늘 파티쉐 선생님과 하루를 함께 해 보니 그게 얼마나 말도 안 되는 생각인지 알게 되었어요. 빵을 위해 이렇게 노력하시는 이 세상 모든 파티쉐 선생님을 위해 우리 모두 감사와 격려의 박수를 보내드려요!

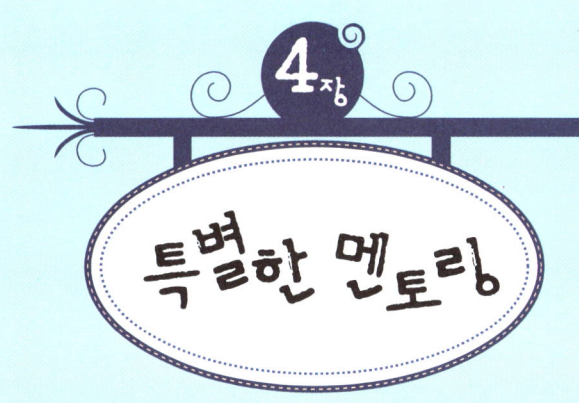

4장 특별한 멘토링

김영모 선생님께서 들려주는 이야기에 잘 귀기울여 보세요.
파티쉐가 되려면 어떻게 해야 하는지,
파티쉐가 된 후에는 어떻게 해야 하는지 등의 소중한 교훈이 가득하답니다.
김영모 선생님의 이야기를 듣고 그대로 노력하다 보면
어느새 파티쉐라는 꿈에 바짝 다가가 있을 거예요.

새벽형 인간이 돼라

얼마 전 '아침형 인간'이라는 책이 많은 사람들에게 큰 인기를 끈 적이 있었습니다. '아침형 인간'은 정신없이 보내는 아침 시간을 잘 활용하고, 그 덕분에 여유로워진 시간을 자기 자신에게 투자해 보다 물질적, 정신적으로 풍요로운 삶을 살아가는 사람을 말합니다. 하지만 파티쉐가 되려면 '아침형 인간'이 아닌 '새벽형 인간'이 되어야 한답니다.

여러분이 일어나는 시각은 언제인가요? 아마 부모님이 깨우실 때야 겨우 졸린 눈을 비비며 자리에서 일어나는 친구들이 적지 않을 것입니다. 이 세상에서 가장 무거운 것이 눈꺼풀이라는 말이 있을 정도로 쏟아지는 잠, 특히 그 중에서도 아침잠은 물리치기 힘든 것이니까요. 하지만 파티쉐에게 아침잠은 그 무엇보다 먼저 없애야 할 나쁜 버릇이랍니다. 나의 이야기를 모두 읽은 친구들은 이제 그 이유를 알겠지요?

　빵을 만드는 데에 있어 가장 많은 시간이 걸리는 것은 반죽과 발효입니다. 물론 요즘은 좋은 기계가 많이 나왔기 때문에 반죽을 하는 데 큰 힘이 들지 않습니다. 그러나 파티쉐의 일을 돕는 기계가 많이 나왔다고는 해도 아직 발효를 빨리 끝낼 수 있는 기계는 존재하지 않습니다.

　효모가 밀가루의 영양분을 섭취함으로써 이루어지는 발효에는 보통 두세 시간 정도가 소요되는데, 사람들에게 신선한 빵을 공급하려면 적어도 새벽 4시에는 반죽을 마치고 발효를 기다려야 합니다. 만약 늦잠을 자서 반죽을 늦게 시작한다고 해도 발효 과정을 생략할 수는 없답니다. 발효되지 않은 반죽으로는 그 어떤 빵도 만들 수 없으니까요.

　하지만 새벽에 할 일이 반죽과 발효만 있는 것은 아닙니다. 반죽을 마치면 그때부터는 그날 사용할 재료를 구분해 정리해야 합니다. 빵에 많이 사용되는 계란과 버터, 우유 등의 신선도를 확인하고 샌드위치 등에 넣을 야채도 다듬어야 하지요. 뿐만 아니라 빵의 종류에 따라 다르게 들어갈 각종 토핑을 준비하는 것 역시 빼놓을 수 없는 일입니다.

　이렇게 정신없이 하루를 준비하다 보면 어느새 반죽은 원래의 몇 배로 부풉니다. 너무 오래 발효를 시키면 빵이 맛없어지기 때문에 적당한 때에 얼른 모양을 잡고 오븐에 넣어 구워야 합니다. 이렇게 빵이 구워지는 2~30

분 동안이 잠시 숨을 돌릴 수 있는 순간입니다.

 자, 여기까지 읽은 친구 중에는 정신없이 흐르는 파티쉐의 새벽에 고개를 절레절레 흔드는 친구도 있을 것입니다. 특히 늦잠을 자다 학교에 지각한 경험이 많은 친구들은 더욱 그러하겠지요. 하지만 파티쉐에게 있어서 늦잠은 어떤 경우에도 상상할 수 없는 일이랍니다. 파티쉐는 신선한 빵을 구워 아침을 더욱 향기롭게 만들 의무와 책임이 있기 때문입니다.

책과 친해져라

혹시 공부를 하기 싫어 파티쉐가 되려는 친구는 없나요? 혹은 TV나 신문, 잡지 등에서 보았던 파티쉐가 멋있어 보여서 파티쉐를 꿈꾸는 친구는 없나요? 안타깝지만 그런 친구들에게는 파티쉐가 되길 권하고 싶지 않습니다. 파티쉐는 그 어느 직업보다 열심히 공부하고 또 노력해야 하는 직업이기 때문입니다. 특히 책을 많이 봐야 한답니다.

빵을 만들어야 할 파티쉐가 왜 책을 보냐고요? 집을 짓는 사람들에게는 책 속에서 집을 발견하고 그림을 그리는 사람은 책 속에서 그림을 발견하듯이 빵을 굽는 사람은 책 속에서 빵을 발견하기 때문입니다. 즉, 같은 내용의 책이라도 읽는 사람이 어떤 일을 하느냐에 따라 그 책은 다르게 영향을 끼치기 마련입니다.

예를 들어 책에서 남자와 여자가 행복하게 사는 이야기를 읽었을 때, 집을 짓는 사람은 상상 속에서 그들에게 어울릴 집을 짓고, 그림을 그리는 사람은 사랑이 넘치는 장면을 머릿속에서 그릴 것입니다. 빵을 굽는 사람은 행복한 사람들을 더욱 기쁘게 할 빵을 굽기 위해 고민하겠지요. 이런 상상 속의 작업은 새로운 것을 만들어야 하는 사람들에게는 그 무엇보다 중요하고 도움이 되는 일이랍니다.

뿐만 아닙니다. 빵을 만드는 사람으로서 빵에 대한 역사와 각종 이론을 모른다는 것은 있을 수 없는 일입니다. 누군가 파티쉐에게 "이 빵은 어느 나라에서 처음 만들어진 거예요?", "빵을 처음 먹기 시작한 곳은 어디죠?"라고 물었을 때 그 파티쉐가 시원스럽게 대답하지 못한다면 사람들은 더 이상 그 사람이 만든 빵을 먹지 않을 것이 분명합니다. 빵에 대해 잘 모르는 사람이 만든 빵, 여러분이라면 먹고 싶을까요?

그리고 또 한 가지, 지금 여러분이 이 책을 읽고 있는 시각에도 세계 각지에서는 수많은 파티쉐들이 이제껏 보지 못한 새로운 빵을 만들고 있답니다. 그 빵들에 대한 가장 빠르고 정확한 정보는 바로 책을 통해서 접할 수 있습니다. 새로운 맛과 모양을 창조해야 하는 파티쉐에게 새로운 정보를 빨리 접하는 것은 무엇보다 중요한 일입니다. 이러한 정보는 비단 빵과 케이크 등에만 해당되지는 않습니다.

파티쉐들이 빵을 만들기 위해 사용하는 장비에 대한 정보도 책을 통해 얻는답니다. 반죽을 하고 생크림을 만들고 빵을 굽는 일 등 많은 부분을 이제는 기계가 대신하고 있습니다. 손으로 만들 때보다 빵의 모양과 맛도 훨씬 좋지요. 좋은 빵을 만들어야 할 의무를 갖고 있는 모든 사람은 항상 최고의 장비를 사용해야 한다고 생각합니다. 그래야만 내가 만든 빵이 조금이라도 더 맛있어질 테니 말입니다.

사람은 책을 만들고 책은 사람을 만든다는 이야기가 있습니다. 나는 파티쉐가 되려는 여러분이 누구보다 많은 책을 읽기를 바랍니다. 내가 지금 이 자리에 설 수 있었던 것도 모두 책의 힘이었다는 것을 다시 한 번 힘주어 이야기하고 싶습니다.

외국어를 공부하라

책에 이어 외국어라니, 도대체 빵을 만드는 파티쉐에게 왜 이런 것들이 필요한지 모르겠다고 한숨을 쉬는 친구들이 있을 것 같군요. 하지만 앞서도 이야기했지만, 파티쉐는 그 누구보다 많은 공부를 해야 하는 직업입니다. 그 중에서도 외국어는 빼놓을 수 없는 것 중 하나입니다.

외국어가 왜 중요한지 잘 이해가 안 되는 친구들이 있나요? 그렇다면 빵이 가장 발달한 곳은 어디인지 한번 생각해 보세요. 프랑스를 중심으로 한 유럽이 바로 그곳입니다. 가장 많은 빵이 팔리는 곳은 당연히 미국이지요. 그리고 파티쉐가 되기 위해 유학을 가는 곳 중 우리나라와 가장 가까운 곳은 바로 일본입니다. 그 어느 곳에서도 우리가 쓰는 말을 사용하지 않습니다. 새로운 빵에 대한 연구, 누구도 상상하지 못했던 아름다운 케이크 장식 등은 외국에서 정보를 얻어야 합니다. 이러한 정보는 곧 자신의 재산이 되기 마련입니다. 물론, 직접 외국에 가지 않고 책을 보고 정보를 얻을 수도 있습니다. 그런데 이 책들은 대부분 영어나 프랑스어, 일본어로 쓰여져 있습니다.

물론 이런 것에 신경 쓰지 않고 만들고 싶은 빵만 만들면서 동네의 작은 가게 정도는 운영할 수 있습니다. 하지만 그 수많은 파티쉐 중에 자신의 실력은 어느 정도인지, 얼마나 노력해야 정상에 설 수 있는지 가늠해 보고 싶지 않나요? 빵과 케이크와 과자라면 누구나 자기의 이름부터 떠올리게 하고 싶은 욕심은 없나요? 세계 제일의 파티쉐가 되려는 친구들에게 나의 둘째 아들 영훈이 이야기를 해주고 싶군요.

빵 선진국에서 수십 년 동안 빵을 만들어온 장인들에게 빵에 대한 것을 배울 때 가장 아쉬웠던 것은 내가 외국어를 모른다는 사실이었습니다. 장인들은 평생 동안 얻은 경험과 지식을 쏟아내는데, 우리는 빵에 대해서는 아무 것도 모르는 통역을 통해 그들의 이야기를 들어야 했습니다. 그러다 보니 통역은 정작 중요한 전문 용어들은 젖혀 두고 대강의 뜻만 우리에게 전달할 때가 많았습니다. 그래서 나는 파티쉐가 되겠다는 영훈이를 프랑스에 유학 보내기로 결심하게 되었답니다. 어렸을 때부터 그들의 언어를 익히게 되면 훨씬 더 많은 정보를 접할 수 있을 테고, 영훈이가 돌아온 후에는 그 지식들을 이용해 좋은 빵을 만들 수 있을 것이라는 생각에서였지요.

물론 걱정도 되었습니다. 영훈이는 초등학교에 다닐 때까지만 해도 공부에 취미를 붙이지 못하고 있었으니까요. 하지만 녀석은 자기가 정말 하고 싶은 일을 하는 데에는 반드시 프랑스어가 필요하다는 사실을 깨닫고 누구보다 열심히 그 어렵다는 프랑스어를 공부하기 시작했습니다. 그리고 곧 프랑스 선생님들과 아무 어려움 없이 의사소통을 할 수 있게 되었습니다.

만약 영훈이가 프랑스어를 배우는 데에 열성을 보이지 않았다면, 세계 기능 올림픽에서 동메달을 딸 수도, 월드 패스트리컵 대회에서 특별상을 수상할 수도 없었을 것입니다.

예술과 친해져라

보기 좋은 떡이 먹기도 좋다는 말은 누구나 한 번쯤 들어봤을 것입니다. 무릇 음식이란 비단 그 맛뿐 아니라 멋 또한 중요한 요소라는 뜻을 가진 이 말을, 파티쉐는 항상 가슴에 새기고 있어야 합니다. 파티쉐가 되기 위해 반드시 거쳐야 할 과정 중 초콜릿과 설탕, 얼음을 이용해 아름다운 작품을 만드는 작업인 '공예'가 있다는 사실을 떠올린다면 그 중요성이 어느 정도인지 대강 짐작이 되리라 믿습니다.

이런 이유로 유럽에서는 빵과 케이크의 모양이 어떤지에 따라 그것을 만든 파티쉐의 능력을 가늠하기도 합니다. 그러다 보니 더 아름답고 예쁜 것을 만들려는 파티쉐들 간의 경쟁도 매우 치열하지요. 유명한 빵집의 유리창 너머로 전시된 빵과 초콜릿과 케이크들은 여기가 혹시 미술관은 아닌가

하는 착각을 불러일으키기도 한답니다.

그렇다면 이런 예술적 감각을 기르기 위해서 어떻게 해야 할까요? 우선 주변에서 쉽게 볼 수 있던 작품들을 다시 한 번 천천히 돌아보도록 하세요. 달력이나 책에서 유명한 미술 작품을 보고, TV나 극장에서 보는 멋진 장면을 놓치지 말고 기억해 두세요. 그리고 항상 머릿속에 오래 남아 있는 작품들에 대한 정보를 찾아보는 습관을 들이도록 하면 자기 자신도 모르게 아름다움에 대한 기준이 생길 것입니다.

'난 그런 쪽에는 아무 소질이 없어'라고 생각하고 지레 포기하려는 친구가 있나요? 그렇다면 그 생각을 고치도록 하세요. 물론 태어날 때부터 타고난 소질이 분명히 존재하기는 합니다. 하지만 그 소질을 뛰어넘는 것은, '천재는 99%의 노력과 1%의 영감으로 만들어진다'는 에디슨의 말을 빌리지 않아도 언제나 노력입니다.

강인한 체력을 길러라

여러분 중에 혹시 '내 이름은 김삼순'이라는 드라마를 본 친구가 있나요? 솔직히 이야기 하자면, 그 드라마에 나오는 파티쉐처럼 빵을 굽는 사람은 아무도 없습니다. 주방에 들어간 파티쉐는 새벽부터 저녁까지, 아무 생각도 할 수 없이 바쁘기 때문이랍니다. 그런데 극중의 삼순이는 빵을 굽다 말고 다른 사람을 만나러 가거나 케이크를 장식할 때 다른 생각을 하는 등 일반적인 파티쉐라고는 상상도 할 수 없는 행동들을 합니다. 하지만 단 하나, 정말 사실적인 부분이 있습니다. 그것은 바로 삼순이의 몸매랍니다.

갑자기 여배우의 몸매에 대해 이야기를 한다니, 조금 이상하게 생각하는 친구들도 있을 것입니다. 하지만 파티쉐들은 그 누구보다 체력이 좋아야 한다는 사실을 떠올린다면 삼순이의 몸매가 어째서 설득력을 갖게 되는지 알게 될 것입니다.

　빵을 만드는 공장에서 신입 직원들이 가장 먼저 하는 일은 바로 밀가루와 설탕 포대 등을 옮기는 일입니다. 둘 다 20kg씩 나가는 무거운 물건들이지요. 한 번에 모두 옮겨놓고 며칠 동안 쉴 수 있다면 좋겠지만, 하루에 필요한 양만 해도 적지 않기 때문에 매일매일 그 무거운 짐을 이리저리 옮겨야 합니다.

　하지만 무엇보다 힘이 드는 것은 밀가루나 설탕을 옮기는 것이 아니라 오랜 시간 서 있어야 한다는 것입니다. 게다가 여름이라면 쉴 사이 없이 빵을 구워내는 오븐 때문에 실내는 그야말로 찜통처럼 느껴질 수도 있습니다. 체력이 약하다면 아무리 좋은 기술을 가졌다고 하더라도 아무 소용이 없습니다. 그런 환경을 견뎌낼 수 없는 사람은 결코 빵 공장에 발을 들여놓을 수 없을 테니 말입니다.

　혹시 편식을 하는 친구들이 있나요? 강인한 체력을 키우려면 골고루 음식을 먹고 꾸준하게 운동을 해야 한답니다.

스스로의 마음을 다스려라

여러분은 기분이 손으로 전해진다는 사실을 알고 있나요? 이런 이야기를 처음 들어보는 친구들이 많을 것입니다. 기분이라는 것은 사람 마음속에 있어서 보이지도 않는데 그것이 손으로 전해진다니, 이해하기 힘든 이야기지요? 하지만 음식을 만드는 사람의 마음은 항상 손끝을 통해 음식으로 전해지기 마련입니다. 아무리 맛있는 레스토랑에서 식사를 하더라도 매일 먹다보면 질리는 반면 어머니가 해주시는 음식은 매일 먹어도 맛있는 것은 어머니의 손끝에 여러분을 사랑하는 마음이 담겨 있기 때문입니다.

빵을 만드는 파티쉐 역시 이런 이유로 항상 마음을 평온하게 유지해야 할 의무를 갖고 있습니다. 좋지 않은 기분을 갖고 있는 파티쉐가 만든 빵은 어딘가 모난 맛이 나기 마련이니까요. 나는 어떤 일 때문이든 기분이 좋지 않아 보이는 직원을 발견하면 근처를 한 바퀴 걸으며 마음을 가라앉히고 오라고 권합니다.

빵을 만드는 사람이 언제나 즐거운 마음을 가져야 하는 이유가 한 가지 더 있습니다. 그것은 바로 빵을 만드는 좁은 공간에서 여러 명이 함께 있기 때문입니다. 그런 곳에서는 단 한 사람이 여러 사람의 기분을 좋게도, 나쁘게도 만들 수 있는 법입니다. 누군가 먼저 나서서 즐거운 이야기를 한다든지 새로 들은 재미있는 농담을 하면 쉽게 웃음에 전염되어 모두들 콧노래를 흥얼거리며 빵을 만들지만 그 반대의 경우, 누군가의 표정이 어둡거나 한숨만 푹푹 내쉬고 있으면 다른 사람들은 금세 불편함을 느껴 빵을 만드는 데도 그만큼 영향을 받기 마련이지요.

빵은 혼자서도 만들 수 있지만, 마음이 맞는 여러 사람과 함께 만드는 것이 훨씬 맛이 좋다는 사실을 꼭 기억해두길 바랍니다.

정직하라

여러분은 간장과 된장을 어떻게 만드는지 알고 있나요? 그리 오래되지 않은 예전에는 간장과 된장은 모두 집에서 직접 담가 먹었다는 사실은 알고 있겠지요?

어머니들이 간장과 된장을 담글 때는 며칠 전부터 좋지 않은 이야기는 듣지도 하지도 않았답니다. 또 메주를 장독에 넣을 때는 혹시 입 안에 있던 침 같은 게 장독 안으로 떨어지지는 않을까 걱정해 입에 종이로 만든 마스크를 쓰고 일을 하셨답니다. 장맛은 정성이 얼마나 담겼는지로 결정된다고 믿었기 때문입니다. 그리고 그 믿음은 과학적 근거를 갖고 있었답니다. 간장과 된장 역시 발효 식품이다 보니 아주 작은 이물질이나 환경의 차이로 인해 미생물의 성장이 달라지기 때문이지요.

파티쉐도 식구들의 건강을 생각하며 장을 담그던 어머니의 마음을 가져야 합니다. 어머니가 식구들의 건강에 좋지 않은 음식을 요리하지 않듯이, 파티쉐는 어떤 손님이 드셔도 맛있고 건강한 빵을 만들어야 한다는 뜻이지요. 그리고 그 시작은 바로 좋은 재료를 선택하는 데에서 시작합니다. 한번은 이런 일이 있었습니다.

공장에 들어서니 못 보던 자루들이 여러 개 눈에 들어왔습니다.

"가만, 이건 빵에 넣을 견과(호두, 땅콩, 잣 등)들이잖아. 그런데 왜 이렇게 많이 들여놨어?"

그러자 재료 관리를 책임지고 있던 직원이 제게 웃으며 대답했습니다.

"재료상에서 마침 유통 기한이 얼마 남지 않은 견과들을 싸게 내놓는다고 해서 전부 들여놨습니다. 우리 가게 정도면 유통 기한 내에 모두 사용할 수 있지 않겠습니까?"

하지만 나는 고개를 가로저었습니다. 회사의 돈을 조금이라도 아끼려던 직원의 마음은 정말 고마웠지만, 그보다 더 중요한 것은 내가 만든 빵이 가져올 손님들의 행복과 건강이었습니다.

"자네 마음 씀씀이는 정말 고맙네만 저 자루들은 다시 포장해서 모두 반품시키게. 유통 기한이 얼마 남지 않았다는 건, 만에 하나 변질될 수도 있다는 뜻이야. 그런 재료로 빵을 만들게 되면 우리를 믿고 있는 손님들을 속이는 것과 다름없지 않겠나?"

다행히도 직원은 내 말을 이해하고 견과들을 모두 반품시켰습니다. 만약 그 견과를 그대로 사용했다면 나는 아마 적잖은 돈을 아낄 수 있었을 것입니다. 하지만 돈을 아끼는 대신 신용을 잃는다는 것은, 세상에서 가장 어리석은 행동이랍니다.

나만의 레시피를 가져라

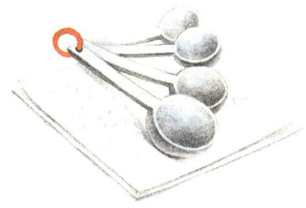

비단 빵뿐 아니라 요리를 하는 사람들에게 있어 재료의 배합 비율과 조리법이 적혀 있는 레시피는 그 무엇보다 중요한 재산입니다. 같은 빵이라고 해도 만드는 사람마다 그 맛이 조금씩 달라지는 것도 모두 각자 갖고 있는 레시피가 다르기 때문입니다. 그렇기 때문에 요리사들은 자신의 가게를 넘길지언정 레시피는 무슨 일이 있어도 지키게 마련입니다.

그렇다면 이토록 소중한 레시피는 과연 누구한테 얻어야 할까요? 유명하기로 소문난 파티쉐가 있는 빵집에 가서 정중히 부탁을 하면 될까요? 많은 돈을 벌어 그 돈으로 레시피를 살 수는 없을까요? 모두 불가능한 일입니다. 앞에서 설명한 것처럼, 레시피는 바로 다른 사람을 위해 음식을 만드는 기능인들의 영혼과도 같기 때문입니다. 그럼 남은 방법은 하나, 직접 만드는 수밖에는 없습니다.

　우리가 즐겨 먹는 빵들의 경우, 그 나이가 수백 년에 이르는 것들도 많습니다. 그만큼 오랫동안 사랑을 받아왔기 때문이지요. 이런 빵들의 경우, 책이나 인터넷 등을 통해 레시피를 쉽게 구할 수 있습니다. 우선 그렇게 전통적인 빵들에 도전을 해보는 게 좋을 것입니다. 그리고 자신이 만든 전통의 맛을 직접 평가해보길 바랍니다. 왜 그 빵들이 그토록 오랜 시간 많은 사람들의 사랑을 받을 수 있었는지, 어떤 재료를 어떻게 사용했기에 그런 맛이 나는지 곰곰이 생각하고 연구해보기 바랍니다.

　자, 이제 전통적인 빵에 대한 자신만의 생각을 정리했다면 이제 그것을 뛰어넘는 빵을 만들 차례입니다.

　새로운 빵을 만들어야 한다는 생각을 하니 머리가 아픈가요? 어려운 일이라 생각하면 한없이 어려울 수도 있습니다. 어떤 재료를 사용해 어떤 맛을 내야 할지 막막할 테니 말입니다. 하지만 반대로 생각하면 그만큼 아직 도전할 빵이 많다는 이야기도 됩니다.

　어른들에게 인기가 높은 단팥빵은 유럽에서 만들어진 빵이 아니라는 사실을 알게 된다면 좀 더 용기를 얻으리라 생각합니다.

　빵은 분명히 유럽에서 발전된 음식이지만 지역에 따라 그 모습이 달라지기 마련입니다. 일본에서도 그런 독특한 빵들이 만들어졌는데, 그 중 가장 대표적인 것이 바로 단팥빵입니다. 우리나라와 일본, 중국에서는 아주 오래 전부터 팥을 먹어왔는데, 그중 일본과 중국에서는 화과자와 만두 속에 팥을 넣어 달콤한 맛을 즐겨왔답니다. 그러던 중 서양 사람들이 먹는 것과 똑같은 빵만 먹던 일본 사람들은 빵에 팥을 넣으면 어떨까 하는 생각을 하게 됩니다. 그리고 가장 동양적인 빵을 만들어 내기에 이릅니다. 단순히 모방을 하려는 생각만 갖고 있었다면 단팥빵은 태어나지 못했을 것입니다.

자, 이제 여러분이 가장 한국적이면서도 가장 세계적인 빵을 만들 차례입니다. 바로 여러분의 레시피를 가지고 말이지요.

여행을 떠나라

 '여행은 가장 짧은 시간 안에 사람을 성숙하게 만드는 방법이다'라는 말이 있습니다. 여행을 떠남으로써 자기 자신을 돌아보게 되고 새로운 문물을 보며 긍정적인 자극을 받을 수 있기 때문이지요. 그리고 이런 이유로 파티쉐들에게 여행은 더없이 소중한 경험이 될 수 있습니다.
 나는 일 년에 두세 번은 반드시 유럽 등 해외로 떠납니다. 그곳에서는 내가 미처 발견하지 못한 전혀 새로운 빵이, 기술이, 기계가 사람들의 눈과 귀를 끌고 있을 게 분명하기 때문입니다. 특히 책을 통해서 보았던 새로운 것들이 잔뜩 모여 있을 빵 관련 박람회는 빠지지 말고 찾아야 할 곳 중 하나입니다.
 여러분은 빵 박람회에 가 본 적이 있나요? 우리나라에서도 빵과 과자를 주제로 한 박람회가 열리고 있습니다만 유럽에서 열리는 박람회에 가면 그 야말로 온통 빵과 과자로만 이루어진 세계가 여러분의 눈앞에 펼쳐질 것입니다. 꿈과 환상의 세계라고 생각하겠지만, 파티쉐에게는 정신이 번쩍 드는 곳이랍니다. 내가 생각하지 못했던 새로운 빵과 과자와 케이크가 가지각색의 모습을 자랑하며 서 있는 모습을 보고 있노라면 '왜 나는 이런 작품을 생각하지 못했을까?', '내가 그동안 공부를 하지 않았던 것은 아닐까?' 하는 반성과 함께 '저들도 했는데 나라고 못할 것이 무엇이 있겠는가. 돌아가자마자 세계 어디에 내놓아도 부끄럽지 않을 빵을 만들자!' 는 다짐을 하게 됩니다.

하지만 여행이 이렇게 고민과 결심의 연속이라면 재미가 없겠지요. 금세 지치기도 하겠고요. 그럴 때는 사람들이 북적거리는 거리로 향합니다. 그곳에는 구경꾼들을 모아놓고 악기를 연주하거나 재주를 넘는 사람도 있고 어른 머리보다 큰 치즈를 쌓아 놓고 파는 노점상도 있으며 한가롭게 책을 읽으며 햇볕의 따스함을 즐기는 사람들도 있습니다. 모두 우리나라에서 볼 수 없는 모습들이지요. 이렇게 나라마다 사람들의 모습이 다른 것은 그들이 살고 있는 곳의 문화가 다르기 때문입니다. 우리와 다른 그들의 문화 그대로를 느끼고 즐기십시오. 그것 또한 여러분에게 많은 도움이 될 것입니다.

하지만 무엇보다 즐거운 일은 그곳의 음식을 직접 먹을 수 있다는 사실입니다. 그곳에서만 나는 재료를 이용해 만드는 빵은, 비록 이름은 같을지라도 우리나라에서 내가 만드는 것과 전혀 다른 맛을 냅니다. 비단 빵뿐만 아니라 각 나라와 지역에 따라 처음 보는 신기한 음식들은 셀 수 없이 많답니다. 그 재미있고 새로운 음식들을 맛보는 것은 파티쉐에게 정말 중요한 공부가 되지요. 새로운 맛을 알아가는 것, 그리고 그것을 내 것으로 만들어 새롭게 응용하는 것은 파티쉐로서의 삶을 살아가는 한 끊임없이 이어나가야 할 작업입니다.

스승을 찾아라

역사 속의 위인들에게는 훌륭한 스승이 있었습니다. 소크라테스와 플라톤, 공자와 맹자, 서산 대사와 사명 대사 등 시대를 뛰어넘어 존경을 받는 사람들에게는 모두 그들보다 훌륭한 스승이 있었다는 사실을 통해, 우리는 좋은 스승을 갖는 게 얼마나 중요한 일인지 깨닫게 됩니다. 물론 훌륭한 스승을 찾는 것은 그리 쉬운 일이 아닙니다. 사람이 평생을 살아가면서 단 한 명의 훌륭한 스승을 만나는 것만으로도 그 사람의 인생은 성공한 것이라 이야기를 할 정도니까요.

그럼 훌륭한 스승을 어떻게 만날 수 있나요? 파티쉐의 스승은 훌륭한 파티쉐라 생각하기가 쉽습니다. 하지만 그것은 너무 좁은 생각입니다. 어느 분야에서든 이름이 드높은 사람들에게는 무엇이든 한 가지씩 꼭 배울 만한 점이 있기 마련입니다. 즉, 별명이 '시계'일 정도로 시간을 철저하게 나누어 사용하던 독일 철학자 칸트에게서는 규칙적인 생활을, 선천적인 장애를 극복하고 전 세계에 사랑과 평화를 전하던 헬렌 켈러에게서는 어려움에 굴하지 않는 의지를 배우는 것은 비단 파티쉐뿐 아니라, 어떤 일을 하든지 반드시 본받아야 할 점입니다.

그렇다면 직접적인 연관이 있는 파티쉐 스승은 어떻게 찾아야 할까요? 어떻게 찾아야 할지 막막하다고요? 지금 당장 전국의 빵집을 돌아다니며 여러분의 입에 딱 맞는 빵을 만드는 파티쉐를 찾아내는 것은 불가능에 가까운 일입니다. 설령 찾는다고 해도 아직 나이가 어린 여러분을 제자로 받아줄 리는 만무합니다. 그렇다면 어떻게 해야 할까요?

요즘은 파티쉐가 되려는 사람들을 위한 책이 다양하게 나오고 있답니다. 전문적인 제과제빵 잡지부터 매일 접하는 신문에까지 빵과 관련된 사람들의 이야기를 적지 않게 보고 들을 수 있게 된 것이지요. 그런 사람들의 이야기를 빼놓지 말고 열심히 읽을 것을 권합니다. 그러다 보면 자신이 되고 싶은 위치에 서 있거나, 꼭 만들고 싶은 것을 이미 이루어낸 파티쉐를 발견하게 될 것입니다. 그 후에는 구체적인 자신의 목표를 세우면 됩니다. '나의 목표는 ○○○ 파티쉐보다 훨씬 맛있는 케이크를 만드는 것이다', '○○○ 파티쉐가 보면 감탄할 정도로 아름다운 초콜릿 공예를 하겠다'와 같은 목표를 세워도 좋지요.

　물론 존경하는 사람에게 직접 궁금한 점을 묻고 배우는 것만큼 좋은 것은 없습니다. 하지만 상황이 허락하지 않는다면, 자신의 마음속에 꼭 한 명의 스승을 만들어두길 바랍니다. 언젠가는 나의 스승을 뛰어넘겠다는 꿈은 노력하는 사람을 더욱 분발하게 만드는 가장 좋은 방법이니 말입니다.

　아울러, 스승은 존경심과 경쟁심을 동시에 느껴야 한다는 점도 잊지 말길 바랍니다. 아무리 위대한 사람이라고 하더라도 그저 높은 산이라고만 생각을 한다면 자신에게는 아무런 발전이 없기 마련입니다. 실제로 '태백산맥'과 '아리랑'을 집필한 소설가 조정래 선생님은 항상 후배와 제자들에게 '나를 밟고 더 높은 곳으로 올라서라'는 말을 한다고 들었습니다. 스승을 뛰어넘는 일은, 자신뿐 아니라 스승에게도 커다란 기쁨이 된다는 것을 잊지 마세요.

고객을 나의 가족처럼 여겨라

예전에 한 TV 프로그램에서 인상 깊은 장면을 본 적이 있습니다. 그 프로그램은 전 세계적으로 성공한 기업에 관한 이야기를 재미있게 재구성해 보여주는 것이었는데, 마침 내가 보았을 때는 레저용 보트를 만드는 업체가 소개되었습니다.

여러분이 물놀이를 가는 해수욕장 등에서 쉽게 볼 수 있는 고무보트나 바나나보트를 비롯한 각종 신기한 보트를 많이 만드는 그곳은, 세계 보트 시장의 절반 이상을 차지하고 있을 정도로 그 품질을 인정받고 있었습니다. 그런데 그 회사가 외국의 구매상들로부터 믿음을 얻을 수 있었던 비결이 굉장히 독특했습니다.

신제품이 만들어지면 그것을 항상 신제품을 개발한 사람들의 가족에게

타보도록 하는 것이었습니다. 항상 물 위에 있어야 하는 보트 종류는 어떤 상황에서도 안의 공기가 새어나와서는 안됩니다. 이는 곧 사람의 소중한 목숨을 위협하는 일이 되니 말입니다. 그렇게 위험한 신제품 실험 운행에 가족을 태운다는 것은, 어찌 보면 무모한 일일 수도 있습니다. 하지만 이에 대해 보트를 개발하는 사람 중 한 명은 이렇게 대답했습니다.

"내 가족을 태워도 안심할 수 있을 정도로 보트의 품질에 대해서는 자신이 있습니다!"

그렇습니다. 그들은 자신이 만든 보트에 탈 사람이 바로 가족이라 생각하며 새로운 제품을 만들었던 것입니다.

파티쉐 역시 마찬가지입니다. 내가 만드는 빵이 바로 나의 가족이 먹을 빵이라고 생각해야 합니다. 가족이 먹을 음식을 만드는데도 가격을 아끼려고 좋지 않은 재료를 사용하거나 유통 기한이 지난 음식을 아무렇지도 않은 듯이 내놓는다는 사람의 이야기는 아직 들어본 적이 없습니다. 만약 그런 사람이 실제로 존재한다면, 그는 사람이 갖춰야 할 최소한의 양심마저 잃어버린 사람이라고 해도 심한 말이 아닐 것입니다.

파티쉐가 손님을 가족처럼 생각해야 할 때는 비단 빵을 만들 때뿐만이 아닙니다. 빵을 먹은 후의 반응 역시 소중한 것으로 생각해야 합니다. 자신이 만든 빵의 어떤 점이 부족한지, 어떤 점이 넘치는지 이야기해 주는 손님은 무조건 칭찬을 해 주는 손님보다 훨씬 더 소중합니다. 예쁜 자식에게 회초리 한 번 더 든다는 옛말이 있듯이, 내가 고칠 점을 지적해 주는 일은 손님 입장에서도 결코 쉽지 않은 일입니다. 파티쉐와 그 파티쉐의 빵에 대한 애정이 없다면 맛없는 빵을 먹은 후에 다시는 그 빵집을 찾지 않으면 그만이기 때문입니다. 여러분의 부모님께서 여러분의 잘못된 점을 보면 야단을 치는 것 역시 여러분에 대해 누구보다 큰 사랑을 갖고 있기 때문이라는 사실을 떠올린다면, 파티쉐와 빵을 야단치는 손님이 얼마나 중요한지 쉽게 이해할 수 있을 것입니다.

빵을 가장 먼저 생각하라

한 후배가 나를 찾아온 일이 있었습니다.

"선배님, 그동안 잘 계셨죠? 요즘 바빠서 통 찾아뵙지도 못하고……죄송합니다."

"죄송하긴. 자네 생활을 누구보다 잘 아는 게 난데, 그런 얘기 할 필요 없어. 그나저나 요즘 좋은 소식이 들리던데."

그러자 후배는 머리를 긁적이며 쑥스러운 듯이 웃었습니다.

"예. 이제 제 가게를 가지려고 생각 중입니다."

"그래. 파티쉐는 자기 가게가 있어야지. 그래야 자기가 만들고 싶은 걸 마음대로 만들 수 있잖아."

"그래서 말씀인데요……."

후배는 짐짓 주위를 살피는 척 하면서 내게 몸을 숙여왔습니다.

"하루에 얼마 정도 벌어야 가게가 제대로 운영될까요?"

나는 적잖이 실망할 수밖에 없었습니다. 그 후배는 누구보다 열심히 빵을 만들어 왔다는 것을 알고 있었기 때문에 실망감은 더 컸습니다.

"자네, 지금 돈을 벌기 위해서 가게를 내려는 건가?"

"빵도 빵이지만, 아무래도 제 가게를 차리면 돈을 좀 더 많이 벌 수 있을 것 같아서요."

후배는 영문도 모르고 호통을 듣고 난 뒤에야 쫓겨나듯 가게를 빠져나갔습니다.

지금까지는 나는 단 한 번도 돈을 목표로 빵을 만든 적이 없습니다. 무엇이든 돈을 목표로 하는 사람은 장사꾼일 뿐, 절대 명인이 될 수 없다고 생각해왔기 때문입니다. 하지만 많은 후배들이 자신의 가게를 가지면 어느 정도나 돈을 벌 수 있는지부터 생각하는 모습을 어렵지 않게 볼 수 있습니다.

파티쉐에게는 자기의 가게가 있어야 합니다. 누구의 간섭도 받지 않고, 눈치도 보지 않고 내가 꿈꿨던 빵과 머릿속에서만 그렸던 케이크를 만드는 게 파티쉐에게는 가장 큰 기쁨이기 때문입니다. 하지만 그런 마음을 가져야 할 파티쉐가 '돈'을 생각하게 되면 그 가게의 빵은 어떻게 될까요?

장부에 적힌 하루 판매량과 가게를 운영하는 데에 드는 돈을 비교하다 보면 어느새 재료 구입에 필요한 경비를 줄이게 됩니다. 좋은 재료는 비쌀 수밖에 없다는 것을 알면서도 말입니다. 좋지 않은 재료를 쓴 빵과 케이크는 그 어떤 파티쉐가 손을 댄다고 해도 결코 좋은 맛을 낼 수 없습니다. 더 큰 문제는 손님의 건강도 위협할 수 있다는 사실입니다.

나의 성공을 보고 누군가는 "그렇게 돈을 많이 벌 수 있었던 비결은 무엇입니까?"라고 물을 때가 있습니다. 그럴 때마다 나는 대답합니다.

"빵을 가장 먼저 생각했기 때문입니다. 파티쉐는 돈을 먼저 생각하는 사람이 아니니까요."

5장 엄마와 함께 만들어봐요

김영모 선생님이 살짝 알려주시는 달콤한 초콜릿 롤케이크,
부드러운 허니 마들렌 등의 요리 비법을 보고
맛있는 빵과 케이크를 만들어 보면서 파티쉐의 꿈을 키워보세요.

김영모 선생님이 살짝 알려주시는
'엄마와 함께 만들어 봐요'

김영모 선생님께서 엄마와 함께 우리 친구들이 집에서 쉽게 만들 수 있는 빵과 과자를 소개해 주시겠답니다. 재료 역시 주변에서 어렵지 않게 구할 수 있는 것들이에요. 엄마와 함께 장도 보고, 직접 만들면서 훌륭한 파티쉐가 되는 꿈을 키워 보세요.

초콜릿 롤케이크

준비해야 할 것 : 달걀 4개, 설탕 90g, 박력분 70g, 코코아파우더 15g, 중조소다 1g, 물 4g, 우유 10g, 생크림 200g, 다크초콜릿 50g

미리 해야 할 것
1. 박력분과 코코아파우더는 체에 세 번 내려 두세요.
2. 베이킹종이를 베이킹팬 안에 맞도록 자른 뒤 틀의 옆면과 바닥에 놓아두세요.

만들기

1 큰 그릇에 달걀을 넣고 핸드믹서를 빠르게 저어 주다가 거품이 나면 설탕을 넣어 주세요. 그릇을 뜨거운 물이 담긴 팬에 얹어 중탕한 상태에서 다시 핸드믹서를 고속으로 저어 거품을 냅니다. 반죽이 따뜻해지면 그릇을 뜨거운 물에서 빼고 반죽이 미지근해질 때까지 다시 빠르게 저어 주세요.

2 박력분과 코코아파우더를 넣고 거품이 가라앉지 않도록 고무 주걱으로 아래에서 위로 들어 올리듯 저어 줍니다. 중조소다, 물, 우유 섞은 것을 위 반죽에 넣고 고루 섞어 주세요.

3 준비한 베이킹팬에 반죽을 붓고 윗면을 평평하게 만듭니다. 다른 베이킹팬 위에 물을 1/4컵 붓고 반죽이 들어 있는 팬을 그 위에 얹어 겹쳐 준 뒤 오븐에 넣고 210°C에서 약 10분간 구워 주세요.

4 자, 이제 초콜릿 생크림을 만들어 볼게요. 생크림 100g을 냄비에 넣고 끓이다가 기포가 올라오기 시작하면 멈춥니다. 여기에 다크 초콜릿을 넣고 덩어리 없이 녹인 뒤 얼음물이 들어있는 그릇 위에 얹고 저어 주며 완전히 식히세요. 남은 생크림 100g을 다른 그릇에 넣고 핸드믹서로 저어서 거품이 날 때 먼저 만든 초콜릿 크림과 함께 섞어 주면 초콜릿 생크림이 완성!

5 아까 구운 반죽 위에 초콜릿 생크림을 펴 바른 다음 말아 줍니다. 이때 반죽 밑의 베이킹종이를 반죽을 마는 방향으로 당겨 단단히 말아 준 뒤 20분 정도 모양이 잡히도록 놓아두면 됩니다.

오렌지 파운드 케이크

준비해야 할 것 : 무염버터 280g, 슈거파우더 170g, 달걀 275g, 소금 1g(1/4 ts), 물엿 60g, 박력분 190g, 베이킹파우더 3g(1 ts), 오렌지필 150g, 럼주 25g

토핑 : 오렌지, 설탕, 나파주 130g

미리 해야 할 것

1 오븐은 160°C에 맞춰 두세요.
2 파운드의 안쪽 면에 붓으로 버터를 고루 발라 주세요.
3 박력분과 베이킹파우더를 섞어서 체에 한 번 내리고 아몬드파우더는 따로 체에 한 번 내려 준비해야 한답니다.
4 오렌지필은 잘게 다져 럼주와 함께 섞어서 담아 두세요.
5 살구잼 100g, 물엿 10g, 물 15g을 냄비에 넣고 섞어 준 뒤 강한 불에서 끓여 나파주를 만들어 두세요.

 **만들기**

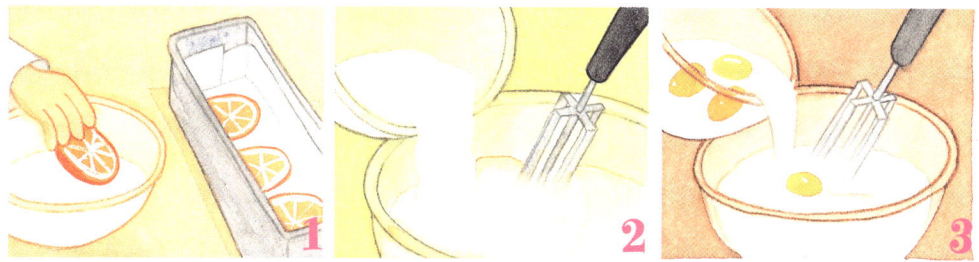

1 토핑으로 준비한 오렌지는 3mm두께로 썰고 양쪽 면에 설탕을 듬뿍 묻혀 준 뒤 파운드틀 안에 놓습니다.
2 버터를 그릇에 넣고 핸드믹서로 충분히 저어 준 뒤 슈거파우더를 넣고 잘 섞어 주세요.
3 달걀은 세 번에 나누어 넣고 핸드믹서를 고속으로 색이 뽀얗게 변할 때까지 약 3~4분간 잘 저어 줍니다.

4 소금과 물엿을 넣고 섞어 준 뒤 아몬드파우더를 넣고 고무 주걱으로 섞어 줍니다. 박력분과 베이킹파우더도 넣고 가루가 보이지 않도록 섞어 주세요. 여기에 오렌지필을 넣고 가볍게 섞어 주면 된답니다.
5 반죽을 팬에 부은 후 오븐에 넣어 160°C에서 약 35분간 구워 주세요.
6 케이크를 팬에서 꺼내어 식히고, 완전히 식은 후 오렌지 윗면에 나파주를 발라 주면 완성!

오렌지 파운드 케이크 만들기 Point 반죽은 팬의 중간 부분을 다른 부분보다 낮게 담으세요.

허니 마들렌

준비해야 할 것 : 달걀 130g, 설탕 100g, 꿀 30g, 바닐라 빈 1/8개(1.3cm), 레몬제스트 레몬 1개, 박력분 125g, 베이킹파우더 3g(1ts), 무염버터 125g

미리 해야 할 것

1 오븐은 210°C에 맞춰 두고 마들렌틀에 붓으로 버터를 발라 줍니다.
2 박력분과 베이킹파우더를 섞어서 체에 한 번 내려 둡니다.
3 깨끗하게 씻은 레몬은 겉껍질만 긁어서 준비하세요.

 **만들기**

1 달걀을 그릇에 넣고 핸드믹서로 멍울이 없도록 푼 뒤 설탕, 꿀을 넣고 충분히 섞어 줍니다.
2 바닐라 빈을 반으로 가른 후 씨를 긁어서 반죽에 넣고 섞어 주세요.
3 미리 준비한 레몬제스트, 박력분, 베이킹파우더를 넣고 고무 주걱을 사용하여 가루가 보이지 않도록 잘 섞어 주세요.

4 냄비에 버터를 넣고 1분간 바글바글 끓인 후 1~2분간 식혀서 반죽에 세 번 나누어 넣으며 잘 섞어 줍니다.
5 버터를 모두 섞었으면 주걱을 한번 들어 올려 보세요. 주걱을 들었을 때 반죽이 끈끈하게 느껴지면 적당하답니다. 완성된 반죽은 랩을 씌워 냉장고에 1시간 동안 넣어 둡니다.
6 짤주머니에 반죽을 넣어 마들렌틀의 80% 정도를 채워 준 뒤 180°C의 오븐에서 약 10분간 윗면이 노릇노릇해지도록 구으면 완성!

허니 마들렌만들기 Point 짤주머니가 없으면 수저를 사용해서 반죽을 넣어도 좋아요.

오렌지 시폰 케이크

준비해야 할 것 : 반죽(달걀노른자 4개, 설탕 52g, 오렌지즙 42cc, 식용유 62cc, 박력분 116g, 베이킹파우더 5g, 오렌지껍질 1/2개), 머랭(달걀흰자 4개, 설탕 80g), 각종 과일 적당량, 슈거파우더 적당량

 **만들기**

 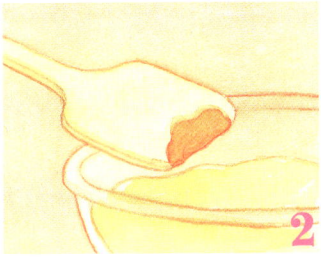 

1 볼에 달걀노른자를 넣고 거품기로 저은 뒤 다시 설탕을 넣고 충분히 저어 주세요. 연한 크림색이 되면 오렌지즙을 조금씩 흘려 넣고 고루 섞어 줍니다.

2 오렌지껍질 굵은 것을 넣고 고루 섞은 뒤 밀가루와 베이킹파우더를 덩어리 없이 체에 내려 넣고 거품이 가라앉지 않도록 가볍게 섞어 반죽을 만듭니다. 이 때 식용유를 흘려 넣으면 윤기가 난답니다.

3 달걀흰자를 차갑게 하여 볼에 넣고 핸드믹서로 거품을 만듭니다. 설탕을 2~3차례 나누어 넣어 가며 저어 넉넉한 거품을 만든 뒤, 윤기 나는 반죽에 거품이 죽지 않도록 조금씩 나누어 넣고 고루 섞어 줍니다.

4 틀에 반죽을 80%만 붓고 160°C 오븐에서 40분간 구워 주세요.

5 틀을 엎어 냉동고에 넣고 식혔다가 틀에서 시퐁을 꺼내 접시에 담아 주세요. 여기에 슈거파우더를 뿌리고 각종 과일을 얹으면 완성!

오렌지 쉬퐁 케이크 만들기 Point — 시퐁은 냉동고에서 3시간 정도 식히면 좋아요.

초콜릿칩 마카다미아 쿠키

준비해야 할 것 : 무염버터 150g, 설탕 125g, 달걀 50g, 박력분 150g, 베이킹파우더 5g, 초콜릿칩 150g, 마카다미아(다진 것) 100g

토핑 : 마카다미아

미리 해야 할 것

1 오븐은 170°C에 맞춰 두세요.
2 박력분과 베이킹파우더는 섞어서 체에 한 번 내려 둡니다.
3 달걀은 반죽에 넣기 전에 거품기로 먼저 풀어 주세요.

1 무염버터를 그릇에 넣고 핸드믹서로 저어서 크림 상태가 되도록 만듭니다. 여기에 다시 설탕을 넣고 저어 주세요.
2 달걀을 넣고 색이 뽀얗게 될 때까지 빠르게 충분히 저어 줍니다.
3 미리 체에 내려 둔 박력분과 베이킹파우더를 넣고 고무 주걱으로 섞어 주세요. 가루가 보이지 않을 정도로만 섞어 주면 된답니다.

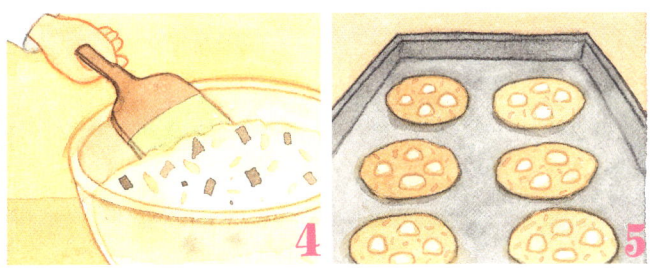

4 초콜릿칩과 다진 마카다미아를 넣고 섞어 준 뒤 팬 위에 5cm간격으로 한 스푼씩 떠 놓은 후 수저를 물에 담갔다가 반죽을 살짝 눌러서 모양을 만듭니다.
5 토핑으로 마카다미아를 반죽 위에 올린 뒤 오븐에 넣어 170°C에서 9~12분간 윗면이 노릇노릇해지도록 구워 주면 완성!

초콜릿칩 마카다미아 쿠키 만들기 Point   구울 때는 팬을 두 겹으로 겹쳐 두세요.

6장

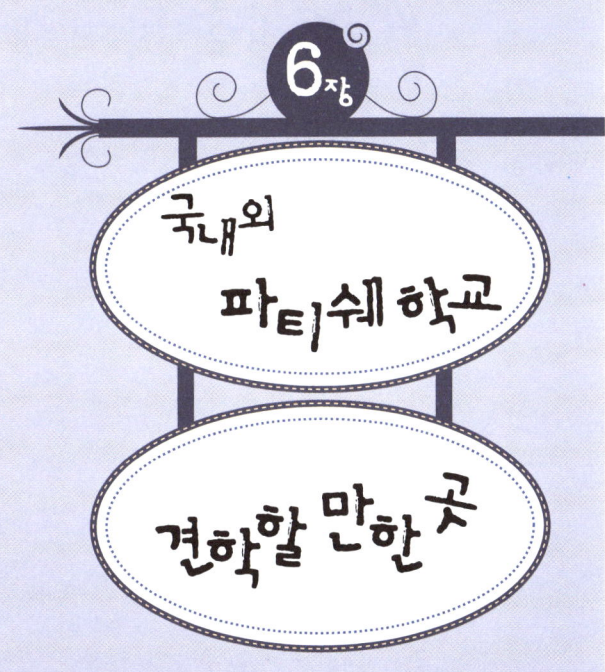

국내외 파티쉐 학교

견학할 만한 곳

여러분이 파티쉐가 되려면 어떤 학교에서 어떤 공부를 해야 하는지 궁금하지 않나요? 지금부터 그 해답을 알려 드릴게요. 견학하면 도움이 될 만한 국내외 명소도 함께 소개해 드릴 테니 기회가 되면 꼭 찾아가 보세요.

국내외 파티쉐 학교

혹시 파티쉐가 되려는 꿈을 갖고 있는 친구가 있나요? 그렇다면 어떤 방법으로 파티쉐가 될 수 있는지 알아보는 것이 순서겠지요. 불과 몇십 년 전만 하더라도 우리나라에서 빵을 만드는 사람이 되는 방법은 빵집에 들어가 힘들고 고된 일을 하면서 빵 만드는 방법을 배우는 게 고작이었습니다. 하지만 시대가 변하면서 파티쉐가 되는 길이 많아졌답니다. 빵이나 과자, 케이크 등을 만드는 방법을 배울 수 있는 곳도 다양해졌지요. 그 중 대표적인 곳을 여러분들에게 소개해 드릴게요.

1) 대학

현재 우리나라에 빵 만들기와 관련된 학과를 가진 대학은 전국적으로 많이 있습니다. 어떤 곳들이 있는지 그 중 대표적인 곳만 살펴볼까요?

① **경희대학교 호텔관광대학 조리과학과**

경희대학교 호텔관광대학 조리과학과에서는 제빵과 요리에 대한 이론을 체계적으로 배울 수 있답니다. 파티쉐가 되는데 기본 지식이 중요하다는 것은 이 책을 꼼꼼히 읽은 친구들이라면 잘 알고 있겠지요? 그러나 이론만 배우는 것은 아니랍니다. 제빵과 요리에 관한 실습과 인턴쉽을 통해 훌륭한 파티쉐로 성장하도록 하고 있습니다. 뿐만 아니라 조리과학을 깊이 연구하는 학문 분야로도 진출할 수 있고 외국의 우수한 대학들과의 교류도 적극 추진하고 있어서 외국에서 공부하는 것도 가능하답니다.

② **한국관광대학 제과제빵과**

한국관광대학의 제과제빵과는 우리나라의 대표적인 제과제빵 관련 학과 중 하나랍니다. 한국관광대학은 말 그대로 관광과 관련된 모든 학과, 즉 호텔경영, 관광경영, 호텔조리 등의 학과로 구성되어 있는 학교지요. 때문에 관광 혹은 외식 산업과 관련된 일을 하고 싶어 하는 다양한 친구들을 만날 수 있는 기회를 가질 수 있습니다. 또 만들어진 지 얼마 되지 않는 학과답게 각종 첨단 시설을 이용한 강의가 시행되고 있어서 학생들에게 큰 호응을 얻고 있습니다. 또 빵 만들기의 특성을 고려해 이

론보다는 실제로 빵을 만들어 볼 수 있는 시간이 많아 학교를 졸업함과 동시에 현장에서 당당한 파티쉐로 일할 수 있답니다.

2) 전문 학원

빵을 만드는 데에는 특별한 자격 조건이 없기 때문에 일반인도 전문 학원에서 빵을 만드는 법을 배워 열심히 노력하면 훌륭한 파티쉐가 될 수 있습니다.

① 한국제과학교

한국제과학교는 제과제빵 기술을 교육하는 전문 교육기관으로서 교육부가 인가한 우리나라 최초의 유일한 학교입니다. 1973년 3월에 개교한 이래로 한결같이 빵, 과자기술 교육을 실시하여 제과업계에 많은 동문들이 일하고 있습니다. 일본과자전문학교와의 교류를 통해 원한다면 일본에 가서 공부를 할 수도 있답니다. 직접 실습을 할 수 있는 시간이 많고, 실습 장비도 잘 갖추어져 있어서 취업률도 상당히 높습니다.

② 대한제과직업전문학교

1985년에 설립돼 20년 이상의 역사를 갖고 있는 대한제과직업전문학교는 제과제빵 분야에서는 가장 많은 졸업생을 배출한 전문학원 중 한 곳입니다. 이곳을 졸업한 파티쉐들은 제과제빵 관련 국제대회에서도 좋은 성적을 거두고 있습니다. 또 각기 다른 분야에서 활약하고 있는 다양한 강사들이 각자의 전문 분야를 가르치고 있다는 점도 수강생들에게는 큰 만족을 주고 있다는군요.

그 외에도 김상엽 제과제빵학원, 리치몬드 제과학원, 한미제과제빵학원 등 파티쉐의 꿈을 키울 수 있는 곳이 많이 있습니다.

프랑스

빵의 역사와 다름없는 프랑스에는 세계적으로 이름을 널리 떨치고 있는 제과제빵 학교가 여러 곳 있습니다.

① 르 꼬르동 블루(Le Cordon Bleu)

르 꼬르동 블루는 파란 리본을 뜻하는 프랑스어입니다. 이는 1578년 프랑스의 앙리3세에 의해 결성된 '성령의 기사단'에서 유래됐습니다. 왕족과 귀족들이 속해 있던 이 모임에는 프랑스 최고의 만찬이 제공됐는데, 그 맛과 호화스러움이 대단했다고 하네요. 그래서 시간이 흐르면서 점차 르 꼬르동 블루는 성령의 기사단이 아니라 그들이 먹었던 최고의 요리를 만든 요리사를 뜻하게 되었답니다.

이렇게 재미있는 유래를 가진 르 꼬르동 블루는 1895년에 파리에 설립된 이래 프랑스 요리를 세계 최고의 자리에 올려놓는 데에 가장 큰 역할을 했다는 평을 듣고 있습니다. 특히 그중에서도 제과제빵에 관련해서는 세계 최고의 권위를 갖고 있는 것으로 알려져 있는데, 이곳의 졸업생들은 대부분이 전 세계 유명 호텔의 파티쉐로 일하고 있다고 합니다. 단순히 빵과 과자 만드는 법을 가르치는 데에서 그치지 않고 그 안에 파티쉐의 예술 혼을 담도록 교육시키는 것으로도 유명합니다.

현재 파리 본원을 비롯해 런던, 동경, 오타와, 멕시코 등에 분원이 있습니다. 우리나라에도 아시아에서 두 번째로 분원이 생겨 현재 숙명여대 사회 교육관에서 운영 중이며 전 과정을 이수하면 서울 시내의 특급 호텔에서 진행되는 인턴쉽 프로그램을 제공받을 수 있습니다.

② 프랑스 루앙 국립제과제빵학교
(Institut National de la Boulangerie-Patisserie Artisanale)

파리에서 1시간 20분 거리에 있는 노르망디 루앙에 위치하고 있습니다. 1972년에 설립됐으니 역사로 보자면 그리 내세울 것이 없어 보이지만 프랑스의 제빵기술을 세계에 널리 퍼뜨리겠다는 목표만큼은 착실히 실행하고 있답니다. 그 어느 곳보다 실험 정신이 강하고 어떤 것이든 최고를 추구하려는 정신 덕분에 새로운 기계와 재료를 가장 먼저 들여놓는 곳으로도 유명합니다. 이곳의 수업은 모두 프랑스어로 진행됩니다. 신문, 문학 작품, 잡지 기사 등을 주제로 한 토론에서도 반드시 프랑스어만 사용해야 하고 프랑스어로 숙제를 작성해 제출해야 할 정도라니, 꽤 어려울 것 같지요? 때문에 유학생을 거의 찾아볼 수 없는 것도 특징 중 하나라는군요. 하지만 강사 한 명이 담당하는 학생의 숫자가 적어 그 어느 곳보다 깊이 있고 자세한 강의를 들을 수 있는 장점이 있답니다.

일본

일본은 아시아에서 가장 먼저 서양의 빵과 과자를 받아들인 나라답게 역사가 깊고 기술도 발달했습니다. 때문에 우리나라의 많은 유학생들이 일본에서 공부하며 최고의 파티쉐를 꿈꾸고 있답니다.

① 동경제과학교

1953년에 창립된 동경제과학교는 지난 50여 년 동안 일본제과교육의 최고봉이라는 별명을 이어오고 있습니다. 지금까지 이곳을 거쳐 간 졸업생들은 일본뿐 아니라 아시아 각국에서 맹활약 중이라는군요. 특히 매년 1월과 9월, 10월에 열리는 발표회는 아직 배우고 있는 학생들이 만든 것이라고 보기에 힘들 정도로 훌륭한 작품들이 많이 출품돼 과자와 빵에 관심이 있는 일반인들까지 참여를 할 정도라고 하네요.
현재 우리나라 유학생이 가장 많이 공부하고 있는 곳 중 한 곳이기도 합니다.

② **일본과자전문학교**

동경제과학교보다 7년 늦은 1960년에 건립된 일본과자전문학교는 '과자와 함께 살아간다' 는 표어를 학교 설립 이념으로 내세우고 있을 정도로 과자에 대한 열정으로 똘똘 뭉친 사람들이 공부하고 있습니다.

이 학교의 특징은 프랑스 국립고등제과학교, 독일 바인하임국립제빵학교 등과 같은 세계적인 제과 교육기관과 연계해 국제적 감각을 키우며 다양한 종류의 과자에 대한 공부를 할 수 있다는 것입니다. 또 과자를 만드는 기술을 가르치는 데에 그치지 않고 손님을 맞는 방법, 매장 운영 방법 등에 대한 강의도 함께 진행하고 있어 학생들이 졸업 후 현장에서 어려움 없이 적응하는 데에 큰 도움을 주고 있습니다.

졸업생 중 16명을 선발해 매년 프랑스 유학을 지원하는 것도 일본과자전문학교의 특징이랍니다.

 국내외 견학할만한 곳

제과점에서 우리가 만날 수 있는 빵은 이 세상에 존재하는 무궁무진한 종류의 빵에 비하면 아주 일부에 지나지 않을 정도로 그 수가 매우 적답니다. 평소에는 볼 수 없었던 빵을 만날 수 있는 곳, 책에서만 볼 수 있었던 과자를 만드는 곳을 찾아가 본다면 여러분이 갖고 있는 빵과 과자에 대해 갖고 있던 궁금증이 모두 풀리겠죠? 우리나라와 해외에 위치한 빵, 그리고 과자와 관련된 박물관을 소개해드립니다.

① 서울국제빵과자페스티벌

10월이 되면 빵과 과자를 좋아하는 사람들은 벌써부터 가슴이 두근거린답니다. 우리나라에서 빵과 과자로 이름을 드높이는 사람을 한자리에서 볼 수 있는 서울국제빵과자페스티벌이 2년마다 한번씩 10월에 열리기 때문이지요.

지난 1983년에 시작된 서울국제빵과자페스티벌은 갈수록 그 규모가 커지고 있는데, 작년의 경우 국내외에서 80개의 업체가 참가했습니다. 이 자리에서는 빵, 장식 케이크, 과자를 이용한 조각, 양과자와 생과자 등이 전시되었는데 '맛을 소중히, 사람을 소중히'라는 표어처럼 모든 작품에는 먹는 사람을 먼저 생각하는 파티쉐들의 따뜻한 마음이 담겨 있답니다.

하지만 볼거리가 이렇게 유명한 파티쉐들의 작품뿐만은 아니라는 사실, 잊지 마세요. 여러분과 비슷한 또래의 친구들이 그동안 갈고 닦은 솜씨를 뽐내는 곳도 준비되어 있는데, 그곳에 준비된 작품을 보면 아마 모두 깜짝 놀랄 거예요. 누가 봐도 이제 갓 열 살이 지난 어린이들이 만든 것으로는 보이질 않을 정도로 훌륭한 작품들이 많거든요.

그리고 또 한 가지, 손에 땀을 쥐게 하는 볼거리가 있답니다. 그것은 바로 그해 최고의 파티쉐를 뽑는 경연대회! 설탕과 초콜릿을 이용한 아름다운 공예 작품과 얼음 조각, 아이스크림 케이크 만들기 등이 진행돼 TV로만 볼 수 있었던 요리경연대회를 눈 앞에서 체험할 수 있는 기회인 셈이지요.

하지만 무엇보다 우리를 설레게 하는 것은 바로 무료 시식이랍니다. 너무 예쁘고 먹음직스러워서 손을 대기도 미안한 빵과 과자를 그 자리에서 먹을 수 있는 기회는 다른 어느 곳에서도 찾을 수 없다는 사실을 명심하세요. 그렇다고 해서 너무 많이 먹으면 배탈이 날 수도 있다는 것도 잊지 말아야겠죠?

② **제주도 초콜릿 박물관**

초콜릿은 빵과 과자를 만드는 데에 있어 중요한 재료이면서 그 자체만으로도 훌륭한 맛을 내

는 음식 중 하나랍니다. 이런 초콜릿의 과거와 현재를 모두 돌아볼 수 있는 박물관이 제주도에 있답니다.
오랫동안 다른 일을 해 오던 부부가 힘을 합해 만든 이 초콜릿 박물관에 들어서면 부부의 열정이 느껴진답니다. 하던 일을 그만두고 1997년 지금의 박물관을 세울 때까지 모래바람이 그칠 줄 모르는 북아메리카에서 눈보라가 휘몰아치는 북유럽까지 초콜릿이 있는 곳이라면 어디든 찾아갔다니 그 노력이 정말 놀랍지요?
박물관에는 설립자들이 손수 구한 여러 가지 자료들이 '초콜릿이란 무엇인가', '초콜릿의 역사', '세계의 초콜릿', '초콜릿에 얽힌 이야기' 등으로 나뉘어 전시되어 있습니다. 또 손수 초콜릿을 만드는 과정을 직접 볼 수도 있다고 하니 꼭 한 번 들러 보세요.

해외

① 스위스의 빵과 과자 박물관

스위스는 각 지역마다 특색 있는 빵과 과자, 초콜릿으로 유명합니다. 때문에 아주 작은 마을도 그곳에서 자랑하는 것들을 위한 박물관이나 체험 교실을 운영하고 있지요. 다음에 소개하는 명단을 잘 기억해두었다가 스위스 여행을 가게 되면 꼭 방문해 보세요.

아인지델른 : 샤프보크 박물관에서 아인지데룬푼 진저브레드를 만들어 볼 수 있습니다.
사스페 : 빵 박물관으로 빵 만들기 체험을 해 볼 수 있습니다.
베트머알프 : 숙련된 전문가의 지도로 스위스의 흑빵을 만들어 볼 수 있습니다.
베르비에 : 숯불 오븐으로 빵을 만들어 볼 수 있습니다.

에샤란 : 18세기의 오래된 농가를 개조한 빵 박물관에는 빵 만드는 과정과 역사가 전시되어 있습니다. 빵 원료를 반죽하여 빵을 만들어 볼 수 있습니다.

마이링엔 : 마이링그 발상지라고도 불리는 마이링엔의 '플타르베이커리'에서 전통 마이링그 만들기를 견학하거나 체험할 수 있습니다.

생모리츠 : 100년 이상의 역사와 전통을 자랑하는 한제르만에서 페스트리 만들기를 체험해 볼 수 있습니다.

프란(니용 교외) : 작은 초콜릿 공장으로 제조 공정 견학과 시음, 초콜릿 만들기 체험 등이 가능합니다.

제네바 : 몇 개의 소박한 초콜릿 전문점을 견학할 수 있습니다.

브로(그뤼이에르 교외) : 유명한 카이에 네슬레 공장 견학이 가능합니다. 필름을 통해 보는 프리젠테이션 관람, 시식 등을 할 수 있습니다.

② 독일 울름의 빵 박물관

프랑크푸르트에서 남쪽으로 300km 떨어진 곳에 위치한 작은 마을인 울름에는 세계에서 가장 높은 첨탑을 자랑하는 대성당과 빵 박물관이 자리 잡고 있답니다.

울름의 빵 박물관은 처음 밀을 먹기 시작했을 때부터 발효 과정을 발명했을 때, 빵 공장이 생겼을 때 등 빵의 역사에서 중요한 시기의 장면들을 인형 등으로 꾸며놓아 당시의 시대상을 자세히 살펴볼 수 있습니다.

뿐만 아니라 옛날에 실제 사용되던 제빵 도구들을 직접 볼 수 있어서 수백 년 전의 독일에서는 어떤 과정으로 빵이 만들어졌는지 짐작할 수 있답니다.

③ 독일 쾰른의 초콜릿 박물관

쾰른에는 달콤한 것을 좋아하는 사람이라면 놓치지 말아야 할 초콜릿 박물관이 자리 잡고 있습니다. 대부분의 박물관이 오래된 물건이나 역사적으로 중요한 사실들을 전시하고 있는 데에 반해 이곳 박물관은 실제로 초콜릿이 생산되는 과정을 모두 돌아볼 수 있는 장점이 있답니다. 뿐만 아니라 그곳에서 막 만들어진 초콜릿을 맛볼 수도 있고 초콜릿을 이용해 만든 각종 작품들도 감상할 수 있다고 하니 결코 그냥 지나쳐서는 안되겠죠?

꿈과 희망을 구워낸 파티쉐
김영모

빵과 함께 할 때 가장 행복하다.

갓 구워진 빵을 안고 행복한 미소를 짓는 김영모

필요한 것은 밀가루뿐이 아니다.
빵을 만드는 사람의 정성이
들어가지 않는다면
그것은 빵이 아니다.

● 빵을 만들기 위해 밀가루를 체에 치고 있다.
●● 갓 구워진 빵을 오븐에서 꺼내고 있다.

성공의 열쇠는
노력 또 노력뿐이다.

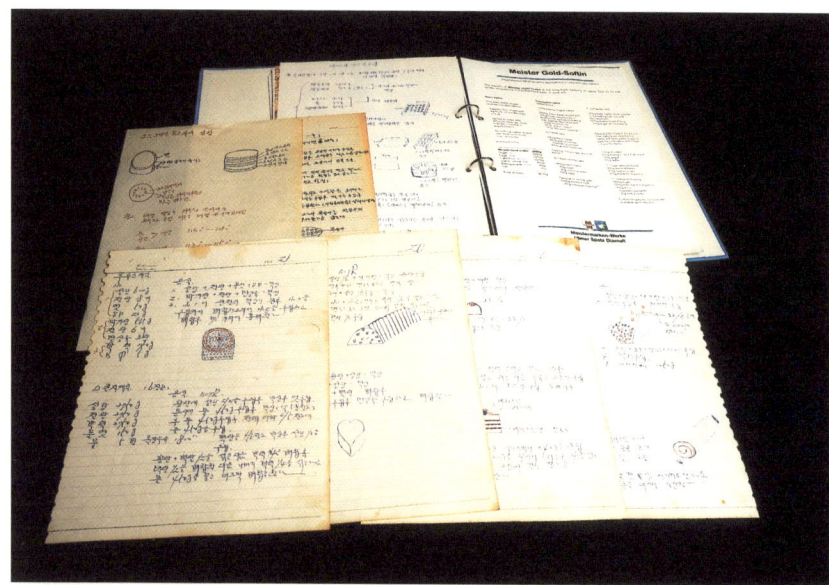

김영모는 더 맛있고 몸에 좋은 빵을 만들기 위해 끊임없이 노력하고 있다.
위 사진은 김영모가 해외 연수 때 사용한 노트와 프랑스, 독일, 이탈리아, 일본 등에서 받은 제과 연수 수료증 및 메달

맛있는 성공의 기쁨

한국인 최초로 요리책 분야에서 세계적 권위를 자랑하는 '구어만드상' 대상(디저트북)을 수상했다. 이 책은(A Collection of Fine Baking) 세계적인 대형 서점인 반즈 앤 노블스에서 판매량 1위의 신간으로 기록된 바 있다.

빵을 사랑하는 사람들

김영모 과자점 앞에서 파티쉐들이 모여 포즈를 취했다.